**원본 천자문 따라쓰기**

2020년 3월 20일 발행

편   저 * 김두휘

펴낸이 * 남병덕

펴낸곳 * 도서출판 신나라

주   소 서울시 마포구 독막로28길 63-4, 304호
          T. 02)6735-2100  F.6735-2103

등록 * 1991년 10월 14일  제 6-136호

          ⓒ 2006, 신나라

*잘못된 책은 바꾸어 드립니다.

# 일러두기

## 1  바른자세

글씨를 예쁘게 쓰고자 하는 마음과 함께 몸가짐을 바르게 해야 아름다운 글씨를 쓸 수 있다. 편안하고 부드러운 자세를 갖고 써야 한다.

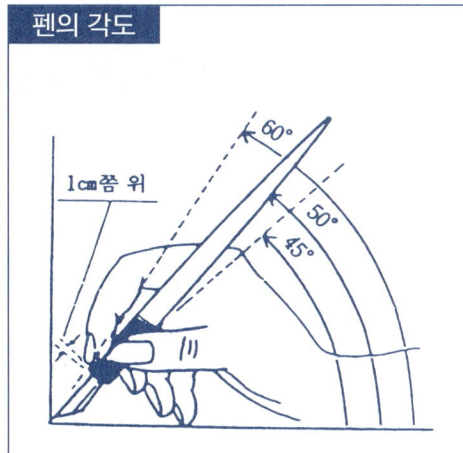

펜의 각도

① 앉은자세 : 방바닥에 앉은 자세로 쓸 때에는 양 엄지발가락과 발바닥의 윗부분을 얕게 포개어 앉고, 배가 책상에 닿지 않도록 한다. 그리고 상체는 앞으로 약간 숙여 눈이 지면에서 30cm 정도 떨어지게 하고, 왼손으로는 종이를 가볍게 누른다.
② 걸터앉은 자세 : 의자에 앉아 쓸 경우에도 앉을 때 두 다리를 어깨 넓이만큼 뒤로 잡아당겨 편안한 자세를 취한다.

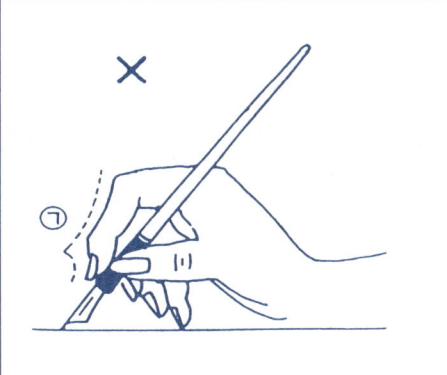

## 2  펜대를 잡는 요령

① 펜대는 펜대 끝에서 1cm 가량 되게 잡는 것이 알맞다.
② 펜대는 45~60° 만큼 몸 쪽으로 기울어지게 잡는다.
③ 집게손가락과 가운뎃손가락, 엄지손가락 끝으로 펜대를 가볍게 쥐고 양손가락의 손톱 부리께로 펜대를 안에서부터 받쳐 잡고 새끼손가락을 바닥에 받쳐 준다.
④ 지면에 손목을 굳게 붙이면 손가락끝만으로 쓰게 되므로 손가락끝이나 손목에 의지하지 말고 팔로 쓰는 듯한 느낌으로 쓴다.

## 3  펜촉을 고르는 방법

① 스푼펜 : 사무용에 적합한 펜으로, 끝이 약간 굽은 것이 좋다.(가장 널리 쓰임)
② G 펜 : 펜촉 끝이 뾰족하고 탄력성이 있어 숫자나 로마자를 쓰기에 알맞다.(연습용으로 많이 쓰임)
③ 스쿨펜 : G펜보다 작은데, 가는 글씨 쓰기에 알맞다.
④ 마루펜 : 제도용으로 쓰이며, 특히 선을 긋는 데에 알맞다.

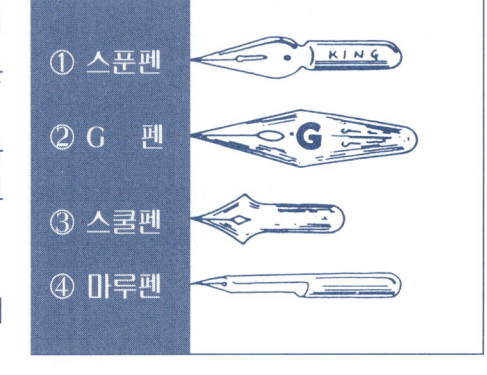

① 스푼펜
② G 펜
③ 스쿨펜
④ 마루펜

# 일반적인 한자의 필순

### 1. 위에서 아래로
위를 먼저 쓰고 아래는 나중에

一 二 三, 一 丁 工

### 2. 왼쪽에서 오른쪽으로
왼쪽을 먼저, 오른쪽을 나중에

丿 刂 川, 丿 亻 仁 代 代

### 3. 밖에서 안으로
둘러싼 밖을 먼저, 안을 나중에

丨 冂 月 日, 丨 冂 冂 用 田

### 4. 안에서 밖으로
내려긋는 획을 먼저, 삐침을 나중에

亅 小 小, 一 二 丅 示

### 5. 왼쪽 삐침을 먼저
① 좌우에 삐침이 있을 경우

亅 小 小, 一 十 土 耂 赤 赤

② 삐침 사이에 세로획이 없는 경우

丿 厂 尸 尺, 亠 六 六

### 6. 세로획을 나중에
위에서 아래로 내려긋는 획을 나중에

丨 冂 冂 口 中, 丨 冂 冂 月 甲

### 7. 가로 꿰뚫는 획은 나중에
가로획을 나중에 쓰는 경우

⺈ 女 女, ⺊ 了 子

### 8. 오른쪽 위의 점은 나중에
오른쪽 위의 점을 맨 나중에 찍음

一 ナ 大 犬, 一 二 三 式 式

### 9. 책받침은 맨 나중에

一 厂 斤 斤 斤 近 近
丷 丷 䒑 芉 关 关 送 送

### 10. 가로획을 먼저
가로획과 세로획이 교차하는 경우

一 十 古 古 古, 一 十 士 志 志
一 十 丆 支, 一 十 土
一 二 キ 才 末, 一 十 卄 世 共

### 11. 세로획을 먼저
① 세로획을 먼저 쓰는 경우

丨 冂 巾 由 由, 丨 冂 冂 用 田

② 둘러싸여 있지 않은 경우에는 가로획을 먼저 쓴다.

一 丅 干 王, 丶 二 亍 キ 主

### 12. 가로획과 왼쪽 삐침
① 가로획을 먼저 쓰는 경우

一 ナ 方 左 左, 一 ナ 才 存 存 在

② 위에서 아래로 삐침을 먼저 쓰는 경우

丿 ナ 才 右 右, 丿 ナ 才 有 有 有

✠ 예외의 것들도 많지만 여기에서의 漢字 筆順은 대개 一般的으로 널리 쓰이는 것임.

# 千 字 文

■ 이 천자문(千字文)은 중국 양(梁)나라 무제(武帝) 때 주흥사(周興伺) 선생께서 찬(撰)하였다.
■ 황제의 엄명을 받아 하룻밤에 1000자를 사용하여 4자구로 250구를 저술하기 위해 애간장을 태운 나머지 선생의 까맣던 머리가 다음날 하얗게 희어졌다 하여 일명 백수문(白首文)이라고도 한다.
■ 일반적으로 우리나라에 보급된 것은 조선 시대 선조 16년(1583년)에 쓰여진 한석봉(韓錫奉) 천자문이다.
■ 한글로 운율을 더 했으며 각 구마다 한 자를 택하여 머리에 각인될 수 있도록 그 한자의 발전되어 온 과정을 그림과 함께 도해하였다.
■ 천자문은 당시 학동(지금의 초등학생)들에게 기초 교과서로써 학습되었던 예절과 충효를 담은 인성교육의 지침서로 지금까지 불멸의 동양 고전으로 전해 온 베스트셀러이다.

# 6 천자문

**운율(韻律)** 天地玄黃이니, 宇宙洪荒이로다.

## 1

天 天 天 天

하늘(一) 아래 사람이 큰 대자로 서있는 형상을 본떠 만들어진 글자이다.

| 大 - 4획 | 土 - 6획 | 玄 - 5획 | 黃 - 12획 | 평가 | | | |
|---|---|---|---|---|---|---|---|
| 天 | 地 | 玄 | 黃 | 天 | 地 | 玄 | 黃 |
| 하늘 천 | 땅 지 | 검을 현 | 누를 황 | 天 | 地 | 玄 | 黃 |
| 一二于天 | 一十土圠地地 | 一一十玄玄 | 一廿廾芇苦菁黃 | | | | |

**풀이** 천지현황 : 하늘(**天**)은 끝없이 아득하여 검고(**玄**) 땅(**地**)은 누르(**黃**)니,

● 여기서 황(黃)은 땅이 누렇다 표현되었지만 중국을 지칭하는 뜻임. 현(玄)은 아득한 흑회색을 말함.

## 2

宇 宙 宙 宙

하늘을 집(宀)이라고 생각하고 땅을 덮는 지붕이라 여기어(由) 그 의미로 만들어진 글자이다.

| 宀 - 6획 | 宀 - 8획 | 氵 - 9획 | 艹 - 10획 | 평가 | | | |
|---|---|---|---|---|---|---|---|
| 宇 | 宙 | 洪 | 荒 | 宇 | 宙 | 洪 | 荒 |
| 집 우 | 집 주 | 넓을 홍 | 거칠 황 | 宇 | 宙 | 洪 | 荒 |
| 丶丶宀宀宇宇 | 丶宀宀宁宙宙 | 丶氵氵汁汁洪洪 | 艹艹艹艹荒荒荒 | | | | |

**풀이** 우주홍황 : 이 우주(**宇宙**)는 넓고도 가없이 크도다.

● 우(宇)는 하늘과 땅 사이의 모든 공간을 말하며, 주(宙)는 태초부터 지금까지 시간을 말하는 것인데 홍황(洪荒)이란 표현으로 가없이 넓고 끝없이 깊음을 뜻한 말임.

**운율(韻律)** 日月盈昃하니, 辰宿列張이로다.

### 3

日
하늘에 떠있는 해의 형상을 그린 글자이다.

| 日 - 4획 | 月 - 4획 | 皿 - 9획 | 日 - 8획 | 평가 |
|---|---|---|---|---|
| 日 | 月 | 盈 | 昃 | |
| 날 일 | 달 월 | 찰 영 | 기울 측 | |
| 丨冂月日 | 丿几月月 | 丿乃及乃冯及盈 | 丨冂日日旦尸昃 | |

**풀이** 일월영측 : 하루 해(日)는 서쪽으로 기울고(昃), 달(月)도 차면(盈) 기우나니,

● 동쪽으로 붉게 떠오른 해는 서쪽으로 기울고 달은 만월(盈)이 되었다가 점차 사위어져서 그믐달이 되는 것을 표현한 말이다.

### 4

宿
집(宀)에 여러 (百) 사람(人)들이 잠을 자고 있는 형상을 본떠 만들어진 글자이다.

| 辰 - 7획 | 宀 - 11획 | 刀 - 6획 | 弓 - 11획 | 평가 |
|---|---|---|---|---|
| 辰 | 宿 | 列 | 張 | |
| 별 진 | 잘 숙 | 벌릴 렬 | 베풀 장 | |
| 一厂厂厅辰辰辰 | 宀宀宀宿宿宿宿 | 一ブ歹歹列列 | 𠂉弓引弭張張張 | |

**풀이** 진숙렬장 : 별들(辰)은 어김없이(宿) 모두 제자리(列)를 찾아 하늘에 고루 펼쳐져 (張) 있구나.

● 여기서 숙(宿)은 원래 수의 음으로 28수의 별자리를 뜻하는 말로 곧 성좌(星座)를 표현한 것임.

## 운율(韻律) 寒來暑往하고 秋收冬藏하느니라.

### 5

| 宀 - 12획 | 人 - 8획 | 日 - 13획 | 彳 - 8획 | 평가 |
|---|---|---|---|---|
| 寒 | 來 | 暑 | 往 | |
| 찰 한 | 올 래 | 더울 서 | 갈 왕 | |
| 宀宀宀宜寒寒寒 | 一厂厂厅厂來來 | 日旦早昇暑暑暑 | ノイ彳彳行往往 | |

보리의 이삭(來)과 뿌리(夕)의 형상을 그린 글자. 뿌리를 夕으로 표현된 것은 땅속이 어둡다는 것이다.

**풀이** 한래서왕 : 추위(寒)가 오면(來) 더위는(暑) 물러가고(往),

● 여기서 내왕(來往)은 봄·여름·가을·겨울이 사시사철로 돌고 도는 계절의 순환을 의미한다.

### 6

| 禾 - 9획 | 攵 - 6획 | 冫 - 5획 | 艸 - 18획 | 평가 |
|---|---|---|---|---|
| 秋 | 收 | 冬 | 藏 | |
| 가을 추 | 거둘 수 | 겨울 동 | 감출 장 | |
| 二千千禾禾秋秋 | 丨丨丬丬收收 | ノク冬冬冬 | 一艹艹疒葬藏藏 | |

겨울의 세찬 차가운(冫) 바람 속에 서있는 눈사람 형상을 그린 글자이다.

**풀이** 추수동장 : 가을(秋)이 되면 곡식을 거두어 들이고(收) 겨울(冬)에는 그 곡식들을 저장(藏)하느니라.

● 장(藏)은 늦가을에 거두어들인 곡식들을 잘 갈무리하여 초겨울에 곡간에 저장한다는 말.

# 운율(韻律)

閏餘成歲하나니 律呂調陽하니라.

## 7. 閏餘成歲

| 門 - 12획 | 食 - 16획 | 戈 - 7획 | 止 - 13획 | 평가 |
|---|---|---|---|---|
| 閏 | 餘 | 成 | 歲 | |
| 윤달 윤 | 남을 여 | 이룰 성 | 해 세 | |
| 丨丨门門門閏閏 | | 厂厂厅成成成 | | |
| 𠂉 今 食 飠 飻 飿 餘 | | 丷 产 产 岸 岸 歲 歲 | | |

閏: 여분의 음식(食)을 이웃에게 베풀어 줄(余)만큼 여유가 남아 도는 풍족한 형상의 의미로 만들어진 글자이다.

**풀이** 윤여성세 : 일년 열 두달의 남은(餘)시간들을 3년 동안 모아 4년 째의 해(歲)마다 윤달(閏)이있게하여 그 해를 윤달이 있는 윤년으로 정하여 온전하게 (成)하였나니,

● 음력에서 1년 동안 지구의 공전 주기보다 10여일이 모자라 그를 3년 동안 모아 다음 해 윤달을 두어 그해를 윤년이라 한다.

## 8. 律呂調陽

| 彳 - 9획 | 口 - 7획 | 言 - 15획 | 阝 - 12획 | 평가 |
|---|---|---|---|---|
| 律 | 呂 | 調 | 陽 | |
| 법 률 | 음률 려 | 고를 조 | 볕 양 | |
| 彳 彳 彳 律 律 律 律 | | 言 訁 訒 調 調 調 調 | | |
| 丨 口 口 口 尸 呂 呂 | | 阝 阝 阝 阝 陽 陽 陽 | | |

律: 백성들의 행동을 조심스럽게 하는 것은 붓으로 써 놓은 법률 때문이라는 의미로 만들어진 글자이다.

**풀이** 율려조양 : 육률(律)과 육려(呂)로 4단계 음양(陽))의 음율을 조절(調)하였느니라.

● 율(律)은 양(陽)의 여섯 가지 소리로 육률(六律)을 뜻하고 여(呂)는 음(陰)에 속하는 여섯 가지 소리로 육려(六呂)를 말함인데 그 음양(二氣))써 4계절의 차고 더움을 조절한다는 뜻이다.

## 운율(韻律) 雲騰致雨이니 露結爲霜이니라.

### 9

雲雨雨雨

하늘에 검은 먹구름이 가려 비가 오는 형상을 그린 글자이다.

| 雨 - 12획 | 馬 - 20획 | 至 - 10획 | 雨 - 8획 | 평가 |
|---|---|---|---|---|
| 雲 | 騰 | 致 | 雨 | |
| 구름 운 | 오를 등 | 이를 치 | 비 우 | |
| 一一一一一一一一一 雲雲雲雲 | 月 胖 胖 胖 胖 騰 騰 | 一 工 工 至 至 致 致 | 一 一 一 一 一 一 一 一 | |

**풀이** 운등치우 : 땅의 습한 기운 등이 구름(雲)되어 높이 올라가서 비(雨)가 되어(致) 내리고,

● 비는 메마른 땅을 촉촉히 하여 윤택하고 비옥하게 하여 온갖 풀과 나무들을 자라게 하는 자연의 법칙을 말한다.

### 10

露結結結

실이나 동아줄이 끊기지 않게 (吉) 여러 가닥을 엮듯이 약속을 맺는 형상을 본뜬 글자이다.

| 雨 - 20획 | 糸 - 12획 | 爪 - 12획 | 雨 - 17획 | 평가 |
|---|---|---|---|---|
| 露 | 結 | 爲 | 霜 | |
| 이슬 로 | 맺을 결 | 할 위 | 서리 상 | |
| 一一一一一一一一一 露露露 | 幺 糸 糸 糸 結 結 結 | ' ' ' ' 户 户 爲 爲 | 一 一 一 一 一 一 霜 霜 霜 | |

**풀이** 노결위상 : 그 비가 서늘한 기운을 만나 이슬(露)로 맺고(結) 찬 기운을 만나 서리(霜)가 되느니라(爲).

● 풍성하게 해준 가을의 땅을 이듬해의 소생을 위해 잠시 서늘한 서리가 되게 하여 땅을 쉬게 한다는 뜻.

## 운율(韻律) 金生麗水하고 玉出崑岡이니라.

### 11

金

쇠같은 것인데 귀한 보물로 이제(今) 방금 땅(土) 속에서 캐어낸 반짝(丷)이는 금의 형상을 그린 글자이다.

| 金 - 8획 | 生 - 5획 | 鹿 - 19획 | 水 - 4획 | 평가 | | | |
|---|---|---|---|---|---|---|---|
| 金 | 生 | 麗 | 水 | 金 | 生 | 麗 | 水 |
| 쇠 금 | 날 생 | 고울 려 | 물 수 | | | | |
| 人 人 今 仐 余 余 金 | | 声 麻 麻 麗 麗 麗 | | 金 | 生 | 麗 | 水 |
| ノ 一 十 牛 生 | | 丨 刁 才 水 | | | | | |
| | | | | | | | |
| | | | | | | | |
| | | | | | | | |

**풀이** 금생려수 : 금(金)은 여수(麗水)에서 많이 나고(生),

● 금이 많이 나왔다는 여수는 중국 운남성 여강부(雲南省麗江府)의 하수(河水)를 말한다.

### 12

出

그릇 안의 씨앗으로부터 싹이 움터 나와 위로 향하는 형상을 그린 글자이다.

| 玉 - 5획 | 凵 - 5획 | 山 - 11획 | 山 - 8획 | 평가 | | | |
|---|---|---|---|---|---|---|---|
| 玉 | 出 | 崑 | 岡 | 玉 | 出 | 崑 | 岡 |
| 구슬 옥 | 날 출 | 뫼(산) 곤 | 뫼(산) 강 | | | | |
| 一 二 于 王 玉 | | 岁 岁 岁 岜 崑 崑 | | 玉 | 出 | 崑 | 岡 |
| 丨 屮 屮 出 出 | | 丨 冂 冂 冂 岡 岡 岡 | | | | | |
| | | | | | | | |
| | | | | | | | |
| | | | | | | | |

**풀이** 옥출곤강 : 옥(玉)은 곤륜산(崑岡)에서 많이 나왔느니라(出).

● 아름다운 옥들이 많이 나왔다는 곤강은 서왕모(西王母)가 살던 강소성(江蘇省)의 곤륜산(崑崙山)이라는 곳을 말한다.

## 운율(韻律) 劍號巨闕이며 珠稱夜光이니라.

**13**

劍號巨闕

| 刀 - 15획 | 虍 - 13획 | 工 - 5획 | 門 - 18획 | 평가 |
|---|---|---|---|---|
| 劍 | 號 | 巨 | 闕 | |
| 칼 검 | 부를 호 | 클 거 | 대궐 궐 | |
| 人人今今命劍劍 | | 一丁丁巨 | | |
| 号号号於於號號 | | 丨丨阝門門闕闕 | | |

자(工)를 사용하여 큰 사물들의 길이를 재는 형상을 그린 글자이다.

**풀이** 검호거궐 : 검 중의 검(劍)은 거궐(巨闕)이 이름났으며(號),

● 지상에서의 명검이란 월(越)나라 명장(名匠) 구야자(區冶子)가 만들었다는 거궐(巨闕)로 검으로써는 최고였다는 말.

**14**

珠稱夜光

| 玉 - 10획 | 禾 - 14획 | 夕 - 8획 | 儿 - 6획 | 평가 |
|---|---|---|---|---|
| 珠 | 稱 | 夜 | 光 | |
| 구슬 주 | 일컬을 칭 | 밤 야 | 빛 광 | |
| 二十王玨珒珠珠 | | 亠广广产 疒 夜夜 | | |
| 禾禾秆稻稻稱稱 | | 丨丨业业光光 | | |

밤(夕)이 되면 사람은 물론 온갖 생물 또한 (亦) 잠을 자게 된다는 의미의 글자이다.

**풀이** 구칭야광 : 구슬 중의 구슬(珠)은 바다에서 나는 야광주(夜光珠)를 최고로 일컬었음이라(稱).

● 야광(夜光)이란 밤에도 빛을 발하는 남쪽 바다의 야광주를 일컬음이다.

천자문 13

**운율(韻律)** 果珍李柰인데 菜重芥薑이니라.

## 15

果果果

나무(木)가지의 끝에 열매가 해처럼(日) 붉게 열려 있는 형상을 그린 글자이다.

| 木-8획 | 玉-9획 | 木-7획 | 木-9획 | 평가 | | | | |
|---|---|---|---|---|---|---|---|---|
| 果 | 珍 | 李 | 柰 | 果 | 珍 | 李 | 柰 | |
| 과실 과 | 보배 진 | 오얏 리 | 벗(버찌) 내 | | | | | |
| 冂 冃 日 旦 早 早 果 果 | 一 十 才 木 本 李 李 | 果 | 珍 | 李 | 柰 | | | |
| 二 f 王 £ 玨 珍 珍 | 一 十 木 杢 李 李 夲 柰 | | | | | | | |

**풀이** 과진리내 : 과일(果) 중에는 오얏(李 : 자도)과 벗(柰 : 버찌)를 가장 보배롭게(珍) 여기고,

● 금 또는 옥이나 명검 이외에도 세상에 보배로운 것들이 있으니 과일로는 자도와 버찌가 있으며,

## 16

菜重芥薑 重

시골 마을(里)에서 지게에 무거운 짐(壬)을 지고 가는 사람의 형상을 의미한 글자이다.

| 艹-12획 | 里-9획 | 艹-8획 | 艹-17획 | 평가 | | | | |
|---|---|---|---|---|---|---|---|---|
| 菜 | 重 | 芥 | 薑 | 菜 | 重 | 芥 | 薑 | |
| 나물 채 | 무거울 중 | 겨자 개 | 생강 강 | | | | | |
| 艹 艹 芣 苎 苹 莱 菜 | 一 十 十 艹 艽 芥 芥 | 菜 | 重 | 芥 | 薑 | | | |
| 二 亠 亡 台 盲 重 重 | 艹 荁 薑 薑 薑 薑 薑 | | | | | | | |

**풀이** 채중개강 : 채소(菜)로는 겨자(芥)와 생강(薑)을 가장 소중히(重) 여겼느니라.

● 채소 중에는 겨자와 생강 등이 찬의 양념으로나 건강에 좋다는 말이다.

## 운율(韻律) 海鹹河淡하고 鱗潛羽翔하는구나.

### 17

| 氵-10획 | 鹵-20획 | 氵-8획 | 氵-11획 | 평가 | | | |
|---|---|---|---|---|---|---|---|
| 海 | 鹹 | 河 | 淡 | | | | |
| 바다 해 | 짤 함 | 물 하 | 맑을 담 | | | | |
| 氵氵汁汁海海海 | 卜占占卤鹵鹹鹹 | 氵氵氵河河河 | 氵氵汁沪沖淡淡 | | | | |

바다에서는 많은 물(水)이 매양(每) 출렁거리는 파도의 그 형상을 본뜬 글자이다.

**풀이** 해함하담 : 바닷물(海)은 짜며(鹹) 하천의 민물(河)은 맑어(淡) 싱겁고,

● 함(鹹)은 소금기가 있는 함수(鹹水)로 바닷물을 뜻하며 담(淡)은 소금기가 없는 민물, 곧 담수(淡水)를 말한다.

### 18

| 魚-23획 | 氵-15획 | 羽-6획 | 羽-12획 | 평가 | | | |
|---|---|---|---|---|---|---|---|
| 鱗 | 潛 | 羽 | 翔 | | | | |
| 비늘 린 | 잠길 잠 | 깃 우 | 날개 상 | | | | |
| 魚魚魩魿鯥鱗鱗 | 氵氵沪泱潛潛潛 | 丁刁习羽羽羽 | ¥羊羊翔翔翔翔 | | | | |

새의 깃들이 부숭한 두 날개의 형상을 그린 글자이다.

**풀이** 인잠우상 : 비늘(鱗)있는 물고기는 물속 깊이 잠기고(潛) 깃털(羽)달린 새는 하늘을 날아다니는구나(翔).

● 인(鱗)은 비늘을 뜻하며 곧 물고기를 말하고 우(羽)는 날개 달린 새, 곧 날짐승들을 말함인데 자연의 생존법칙의 오묘함을 표현한 것이다.

## 운율(韻律): 龍師火帝하고 鳥官人皇하였느니라.

### 19

炎 火 火

엇갈리게 얹혀진 장작(人)에 불이 활활 타는 형상을 그린 글자이다.

| 龍 - 16획 | 巾 - 10획 | 火 - 4획 | 巾 - 9획 | 평가 |
|---|---|---|---|---|
| 龍 | 師 | 火 | 帝 | |
| 용 룡 | 스승 사 | 불 화 | 임금 제 | |
| 立产产产育育龍龍 | 、丶少火 | | | |
| ィ户户自自師師 | 一二亠产产帝帝 | | | |

**풀이** 용사화제 : 복희씨(龍師)는 용으로 관제의 이름을 정하였고, 신농씨(火帝)는 불을 숭상하였으며,

● 용사는 복희씨(伏羲氏)를 화제는 신농씨(神農氏)를 일컬음. 복희씨는 혼인법을 신농씨는 농사 짓는 방법을 가르쳤다고 한다.

### 20

鳥 鳥 鳥

왼쪽으로 비상하려는 새의 형상을 그린 글자이다.

| 鳥 - 11획 | 宀 - 8획 | 人 - 2획 | 白 - 9획 | 평가 |
|---|---|---|---|---|
| 鳥 | 官 | 人 | 皇 | |
| 새 조 | 벼슬 관 | 사람 인 | 임금 황 | |
| ィ广户户自鳥鳥 | ノ人 | | | |
| 、宀宁宁宁官官 | ′ 亠 白 皇 皇 皇 | | | |

**풀이** 조관인황 : 소호씨(鳥官)는 새 이름으로 벼슬의 명칭을 정하였고 황제는 인황(人皇)으로서 문화를 열었었느니라.

● 조관은 소호씨(少昊氏)를 인황은 황제(黃帝)를 가리킴인데 인황은 천황(天皇)・지황(地皇)과 더불어 삼황(三皇)이라 한다.

## 운율(韻律): 始制文字하고 乃服衣裳하였느니라.

### 21

| 女 - 8획 | 刀 - 8획 | 文 - 4획 | 宀 - 6획 | 평가 |
|---|---|---|---|---|
| 始 | 制 | 文 | 字 | |
| 비로소 시 | 지을 제 | 글월 문 | 글자 자 | |
| 乆女妒妒妒始始 | ㄧ ㄊ ㄗ 告 制 制 制 | ` 一 ナ 文 | ` ` 宀 宁 宁 字 | |

여인(女)이 뱃속에 아이를 담고 있는데 그 모태(台=胎)에서 아이가 비로소 움직이는 생명이 된다는 글자이다.

**풀이** 시제문자 : 그래서 비로소(始) 문자(文字)를 만들어(制) 기록하게 되었고,

● 복희씨는 창힐(蒼頡)로 하여금 새의 발자국을 보고 최초의 문자인 한자(漢字)를 만들게 하였다.

### 22

| ノ - 2획 | 月 - 8획 | 衣 - 6획 | 衣 - 14획 | 평가 |
|---|---|---|---|---|
| 乃 | 服 | 衣 | 裳 | |
| 이에 내 | 입을 복 | 옷 의 | 치마 상 | |
| ノ 乃 | | ` 一 ナ 衣 衣 衣 | | |
| | 月 月 月 肌 服 服 服 | | 宀 尚 堂 学 掌 掌 裳 | |

흔히 여자가 입는 윗저고리의 형상을 그린 글자이다.

**풀이** 내복의상 : 이에(乃) 또 처음으로 저고리(衣)와 치마(裳)를 지어 입었(服)었느니라.

● 새의 깃이나 짐승의 털 • 가죽으로 몸을 가렸던 것을 황제(黃帝) 때 비로소 호조(胡曹)가 옷을 만들어 입게 하였다.

**운율(韻律)** 推位讓國하였나니 有虞陶唐이니라.

## 23

推 밀 추 / 位 자리 위 / 讓 사양할 양 / 國 나라 국

扌 - 11획 / 人 - 7획 / 言 - 24획 / 囗 - 11획

扌 扌 扫 扩 拃 拃 推
丿 亻 亻 仁 什 位 位
言 訁 訮 譁 譁 讓 讓
冂 冋 闬 國 國 國

손(手)같은 날개를 상하로 밀어내며 새가 허공을 날으는 형상을 본뜬 글자이다.

**풀이** 추위양국 : 어질고 지혜로운 왕은 왕위(國)를 자식에게 세습하지 않았고 (讓) 나라 경영을 잘할 수 있는 덕망있는 의인에게 나라를 물려 주었으니 (推位),

● 양국(讓國)이란 왕좌를 자식에게 세습하지 않고 나라 경영을 탁월하게 할 수 있는 인재에게 양보하여 물려주는 것이다.

## 24

有 있을 유 / 虞 나라이름 우 / 陶 질그릇 도 / 唐 당나라 당

月 - 6획 / 虍 - 13획 / 阝 - 11획 / 口 - 10획

一 ナ 才 有 有 有
卢 卢 庐 虑 虞 虞 虞
阝 阡 阡 阡 陶 陶 陶
亠 广 广 庐 唐 唐 唐

왼손(十=又)에 고기(月)가 들려 있는 형상을 본뜬 글자이다.

**풀이** 유우도당 : 곧 요임금(陶唐)과 순임금(有虞)나라.

● 유우는 순(舜)임금을 말하며 도당은 곧 요(堯)임금을 말함인데 요임금은 아들 단주(丹朱) 대신 순(舜)에게, 이어 순임금은 아들 상균(商均)에게 세습하지 않고 우(禹)에게 나라를 선양했다.

## 운율(韻律) 弔民伐罪는 周發殷湯였느니라.

### 25

弔伐伐

훈장(人)이 잘못한 학동들의 종아리를 치기(戈) 위해 회초리를 들고 있는 형상을 본뜬 글자이다.

| 弓 - 4획 | 氏 - 5획 | 人 - 6획 | 罒 - 13획 | 평가 | |
|---|---|---|---|---|---|
| 弔 | 民 | 伐 | 罪 | 弔民伐罪 | |
| 조상할 조 | 백성 민 | 칠 벌 | 허물 죄 | 弔民伐罪 | |
| ㄱㄱ弓弔 | | ノイ仁代伐伐 | | | |
| ㄱㄱ尸尸民 | | 罒罒罪罪罪罪罪 | | | |

**풀이** 조민벌죄 : 선량한 백성(民)을 위로하고(弔) 죄지은(罪) 사람은 죄과를 물어 벌(伐)하여 내친 것은,

● 여기서 '弔'는 상가집에 조상한다는 뜻이 아니고 '가엾이 여기다. 긍휼히 여기다'의 뜻으로 곧 백성을 사랑했음을 뜻한 말이다.

### 26

發發發

궁수가 활(弓)을 쏘기 위해 활을 필 자세로 과녁을 겨냥하는 형상을 본뜬 글자이다.

| 口 - 8획 | 癶 - 12획 | 殳 - 10획 | 氵 - 12획 | 평가 | |
|---|---|---|---|---|---|
| 周 | 發 | 殷 | 湯 | 周發殷湯 | |
| 두루 주 | 필 발 | 나라 은 | 끓일 탕 | 周發殷湯 | |
| 几月月用用周周 | | ′丨自自殷殷 | | | |
| 癶癶癶癶發發發 | | 氵沪沪沪湯湯湯 | | | |

**풀이** 주발은탕 : 곧, 주(周)나라 무왕이었던 발(發)과 은(殷)나라 탕(湯)임금이 그러했었느니라.

● 주나라 무왕(발)은 폭정을 일삼으며 백성들을 괴롭혔던 은나라 주왕(紂王)을 몰아내고, 은나라 탕왕(湯王)은 하(夏)나라 걸왕(桀王)을 내치고 민심을 평안케 하였다.

천자문 19

**운율(韻律)** 坐朝問道하나니 垂拱平章하였느니라.

## 27

朝朝朝朝

동쪽에서 해가 돋는 시각에 달(月)이 그 모습을 감추는 아침의 형상을 본뜬 글자이다.

| 土 - 7획 | 月 - 12획 | 口 - 11획 | 辶 - 13획 | 평가 | | | | |
|---|---|---|---|---|---|---|---|---|
| 坐 | 朝 | 問 | 道 | 坐 | 朝 | 問 | 道 |
| 앉을 좌 | 아침 조 | 물을 문 | 길 도 | 坐 | 朝 | 問 | 道 |
| 人 亻 ㅆ 坐 坐 坐 | | 丨 丨 門 門 問 問 | | | | | |
| 亠 古 吉 卓 朝 朝 朝 | | 丷 产 首 首 首 道 道 | | | | | |

**풀이** 좌조문도 : 조정(朝)에 가만히 앉아(坐) 있어도 도(道)를 묻고(問) 답하니,

● 그 어진 임금은 조정에 앉아 문도(問道), 곧 임금이 덕망있는 신하에게 나라를 잘 다스리는 길(道)을 묻고,

## 28

垂垂平平

물속에서 평형을 이루고 있는 사람의 수면과 평평한 형상을 본뜬 글자이다.

| 土 - 8획 | 扌 - 9획 | 干 - 5획 | 立 - 11획 | 평가 | | | | |
|---|---|---|---|---|---|---|---|---|
| 垂 | 拱 | 平 | 章 | 垂 | 拱 | 平 | 章 |
| 드리울 수 | 팔장낄 공 | 평평할 평 | 글 장 | 垂 | 拱 | 平 | 章 |
| 一 二 千 壬 垂 垂 垂 | | 一 二 二 平 平 | | | | | |
| 扌 扌 扩 拱 拱 拱 | | 亠 立 产 产 音 音 章 章 | | | | | |

**풀이** 수공평장 : 옷자락을 드리우고(垂) 팔장을 끼고(拱) 있어도 나라는 공정한 정치로 잘 다스려 졌었다(平章)하느니라.

● 관복인 조복(朝服)을 드리우며, 두 팔을 팔장끼듯 서로를 공손하게 대하며 정치를 잘하여 나라 안이 평화(平章)로웠다는 말.

**운율(韻律)** 愛育黎首하나니 臣伏戎羌하였느니라.

## 29

愛育黎首

| 心 - 13획 | 月 - 8획 | 黍 - 12획 | 首 - 9획 |
|---|---|---|---|
| 사랑 애 | 기를 육 | 검을 려 | 머리 수 |

어미의 자궁(月)으로부터 거꾸로 나온 아기를 낳아 기른다는 의미를 본뜬 글자이다.

**풀이** 애육려수 : 백성(黎首)을 사랑(愛)으로 보살피니(育),

● 여수(黎首)란 검은 머리(벼슬이 없어 관모를 쓰지 않은 맨머리)를 한 일반 백성을 이르는 말로 그 백성을 사랑하고 보살피는 어진 임금의 덕을 표현한 말이다.

## 30

臣伏戎羌

| 臣 - 6획 | 人 - 6획 | 戈 - 6획 | 羊 - 8획 |
|---|---|---|---|
| 신하 신 | 엎드릴 복 | 오랑캐 융 | 오랑캐 강 |

조정에 나아간 신하가 조복의 소매안으로 두 손을 가지런히 넣어 모은 형상을 본뜬 글자이다.

**풀이** 신복융강 : 인근 오랑캐들(戎羌)까지 신하(臣)되길 원하며 모두 와서 엎드린다(伏).

● 옛날 중국에서는 이방 민족을 오랑캐라 하였는데 동쪽의 동이(東夷), 서쪽의 서융(西戎), 남쪽의 남만(南蠻), 북쪽의 북적(北狄)을 말한다.

## 운율(韻律): 遐邇壹體하였나니 率賓歸王하였느니라.

### 31

壹

어떤 귀중한 물건 하나를 호리병에 넣어 놓고 소중히 다루고 보는 형상을 본뜬 글자이다.

| 辶 - 13획 | 辶 - 18획 | 士 - 12획 | 骨 - 23획 | 평가 | | | |
|---|---|---|---|---|---|---|---|
| 遐 | 邇 | 壹 | 體 | | | | |
| 멀 하 | 가까울 이 | 한 일 | 몸 체 | | | | |
| 丨丨叧叚叚遐遐 | 一一一一一一一 | 士土吉吉壹壹壹 | 日骨骨骨體體體 | | | | |

**풀이** 하이일체 : 멀고(遐) 가까운(邇) 나라들을 모두 하나같이 (壹體) 여기니,

● 먼 나라나 가까운 나라들을 모두 자기 백성처럼 공평하고 인자하게 다스리니 '모든 나라들이 분령이 아닌 하나된 마음으로'란 뜻으로 모여 든다는 말.

### 32

歸

언덕(阜) 너머 밭에서 일을 멈추고(止) 비를 들고 깨끗히 해놓은 아내가 있는 집으로 돌아오는 농부의 형상을 본뜬 글자이다.

| 玄 - 11획 | 貝 - 14획 | 止 - 18획 | 王 - 4획 | 평가 | | | |
|---|---|---|---|---|---|---|---|
| 率 | 賓 | 歸 | 王 | | | | |
| 거느릴 솔 | 손 빈 | 돌아올 귀 | 임금 왕 | | | | |
| 一十玄玄宏宏率 | 宀宁宁宁宵賓賓 | 卩阜皀皀歸歸歸 | 一二千王 | | | | |

**풀이** 솔빈귀왕 : 자기 백성들을 거느리고 와(率賓) 천자(王) 앞에 귀의(歸)하게 되었느니라.

● 멀리 까지 미치게 된 그 덕에 감화되어 자기 백성들을 거느리고(率賓) 와서 천자의 백성이 된다(歸王)는 말.

## 운율(韻律) 鳴鳳在樹하고 白駒食場하구나.

### 33

| 鳥 - 14획 | 鳥 - 14획 | 土 - 6획 | 木 - 16획 | 평가 | |
|---|---|---|---|---|---|
| 鳴 | 鳳 | 在 | 樹 | 鳴鳳在樹 | |
| 울 명 | 새 봉 | 있을 재 | 나무 수 | | |
| ㅁ 叩 吖 咟 唣 鳴 鳴 | 丿 几 凡 凨 凰 鳳 鳳 | 一 ナ 才 在 在 在 | 十 木 杧 桔 桔 樹 樹 | 鳴鳳在樹 | |

사람이 말하듯, 새(鳥)가 우는(口) 모습의 형상을 본뜬 글자이다.

**풀이** 명봉재수 : 봉황새(鳳)는 오동나무 가지(樹)에 날아와(在) 성군의 덕을 노래하고(鳴),

● 예로부터 성군(聖君)이나 태평성세의 시대가 온다는 징후로 봉황(鳳凰)이 나타난다 하는데 봉황은 상서로운 새로써 봉(鳳)은 수놈, 황(凰)은 암놈을 가리킨다.

### 34

| 白 - 5획 | 馬 - 15획 | 食 - 9획 | 土 - 12획 | 평가 | |
|---|---|---|---|---|---|
| 白 | 駒 | 食 | 場 | 白駒食場 | |
| 흰 백 | 망아지 구 | 먹을 식 | 마당 장 | | |
| 丿 亻 白 白 白 | 厂 甲 馬 馬 駒 駒 | 人 人 今 今 食 食 食 | 十 圹 圻 垣 垣 埸 場 | 白駒食場 | |

합해(人=合) 놓은 그릇 뚜껑을 열어 흰밥(白) 위에 수저(匕)를 꽂아 놓은 형상을 본뜬 글자이다.

**풀이** 백구식장 : 어미 말을 따라온 흰 망아지(白駒)는 뜰(場)에서 평화롭게 풀을 뜯고(食) 있구나.

● 성군의 덕은 사람들에게 뿐만 아니라 짐승들과 자연에 이르기까지 그 덕화가 미친다는 시적인 표현으로써 여기서 식(食)은 짐승들도 평화로이 풀을 뜯고 있음을 말함.

## 운율(韻律): 化被草木하나니 賴及萬方하였노라.

### 35

**草**

움트는 새싹(艸)들이 이른(早) 봄에 돌아 풀이 되고 무성한 숲을 이룬다는 의미의 글자이다.

| 匕 - 4획 | 衤 - 10획 | 艸 - 10획 | 木 - 4획 | 평가 |
|---|---|---|---|---|
| 化 | 被 | 草 | 木 | |
| 될 화 | 입을 피 | 풀 초 | 나무 목 | |
| ノ亻イ化 | 衤衤衤衤衤被被 | 艹艹艹苩苩草草 | 一十才木 | |

**풀이** 화피초목 : 성군의 덕화(化)는 사람·짐승들 뿐만 아니라 산천의 풀과 나무들(草木)까지 입어(被) 무성하니,

● 어진 성군의 덕화는 전체의 중국(九州)에 널리 퍼져 나아갔음을 나타낸 구절(句節)이다.

### 36

**萬**

전갈이나 벌의 머리에 풀(艸)처럼 돋아난 더듬이와 몸 그리고 많은 다리의 형상을 본뜬 글자이다.

| 貝 - 16획 | 又 - 4획 | 艸 - 13획 | 方 - 4획 | 평가 |
|---|---|---|---|---|
| 賴 | 及 | 萬 | 方 | |
| 의뢰할 뢰 | 미칠 급 | 일만 만 | 모 방 | |
| 束軴軴軴賴賴賴 | ノ乃及 | 艹苩萬萬萬 | 、亠方方 | |

**풀이** 뇌급만방 : 어느 곳이든 미치지 않는 곳이 없이(賴及) 온 세상(萬方)에 그 덕치가 자자하게 되었느니라.

● 그러하듯 그 교화는 멀리까지 구석구석 안 미치는 곳이 없음을 표현한 구절이다. 여기까지는 자연의 천지현황(天地玄黃)의 신비, 그리고 하늘은 성군과 백성을 보우한다는 신화적인 이야기를 표현한 것이다.

## 운율(韻律) 蓋此身髮은 四大五常이니라.

### 37

蓋

마른 풀(艹)을 가지고 가서(去) 땅속에 묻은 옹기 그릇(皿)의 위를 덮는 형상을 본뜬 글자이다.

| 艹 - 14획 | 止 - 6획 | 身 - 7획 | 髟 - 15획 | 평가 |
|---|---|---|---|---|
| 蓋 | 此 | 身 | 髮 | |
| 덮을 개 | 이 차 | 몸 신 | 터럭 발 | |
| 丶丶艹艹茅茅茅蓋蓋 | | 丿亻亻亻亻身身 | | |
| 丨丨丨丨止止此 | | 镸髟髟髟髮髮髮 | | |

**풀이** 개차신발 : 부모로 부터 정기를 받아 태어난 모든 사람(蓋此)의 몸(身)과 터럭(髮)은,

● 인간의 참 근본은 태초 대주재(大主宰)께서 세우신 오묘한 자연의 일부로 모든 사람이 부모의 몸을 빌어 세상에 태어난 것은 외양으로 보이는 큰 원칙을 말함이다.

### 38

大

사람이 두팔과 다리를 크게 벌리고 서 있는 형상을 본뜬 글자이다.

| 口 - 5획 | 大 - 3획 | 二 - 4획 | 巾 - 11획 | 평가 |
|---|---|---|---|---|
| 四 | 大 | 五 | 常 | |
| 넉 사 | 큰 대 | 다섯 오 | 항상 상 | |
| 丨冂冂四四 | | 一丆五五 | | |
| 一ナ大 | | 丷丷严严常常常 | | |

**풀이** 사대오상 : 네 가지 큰 것(四大)과 다섯 가지 상도(五常)로 이루어져 있느니라.

● 그것은 사람의 몸을 만드는 네 가지 큰 것으로는 흙(土)·물(水)·불(火)·바람(風) 곧 사대(四大)이고 오상(五常)은 곧 인(仁)·의(義)·지(智)·예(禮)·신(信)인데 인간의 천진(天眞)과 통하는 지혜로움과 믿음으로써의 상도(常道)이다.

## 운율(韻律) 恭惟鞠養함인데 豈敢毀傷하랴.

### 39

養養養

집에서 기르는 양(羊) 한 마리가 밥통의 먹이(食)를 먹고 있는 형상을 본뜬 글자이다.

| 心 - 10획 | 忄 - 11획 | 革 - 17획 | 食 - 15획 | 평가 |
|---|---|---|---|---|
| 恭 | 惟 | 鞠 | 養 | |
| 공손할 공 | 오직 유 | 기를 국 | 기를 양 | |
| 艹 芇 共 恭 恭 恭 恭 | | 艹 苩 革 靮 鞠 鞠 鞠 | | |
| 丶 忄 忖 忙 忙 惟 惟 | | 丷 羊 羊 养 养 養 養 | | |

**풀이** 공유국양 : 이처럼 부모의 몸을 빌어서 천지간의 기운을 받아 태어났으니 이 몸을 공손히 여겨(恭惟)양생(鞠養)에 힘써야 하는데,

● 국양(鞠養)은 부모가 낳아 주시고 길러 주신 자가의 몸이라고 이해하고, 공유(恭惟)는 그 몸이 나의 몸이긴 하나 부모의 것이니 지극히 공손함으로 지켜야 한다는 말.

### 40

傷傷傷

사람(人)이 어떤 사물에 부딪혀 다치고 몸이 상하는 형상을 본뜬 글자이다.

| 豆 - 10획 | 攵 - 12획 | 殳 - 획 | 人 - 13획 | 평가 |
|---|---|---|---|---|
| 豈 | 敢 | 毁 | 傷 | |
| 어찌 기 | 감히 감 | 헐 훼 | 상할 상 | |
| 山 屮 岂 岂 豈 豈 豈 | | 丶 白 皁 臬 毁 毁 | | |
| 工 干 千 耳 耳 耳 敢 | | 亻 亻 亻 伢 偒 傷 | | |

**풀이** 기감훼상 : 어찌 감히(豈敢) 자기 몸을 상하게(傷)하거나 다치게(毁) 할 수 있으랴.

● 훼상(毁傷)은 자기 자신을 학대하고, 부모의 것인 자기의 몸을 다치게 하거나 상하게 하는 것을 함축한 말.

## 운율(韻律): 女慕貞烈하고 男效才良하느니라.

### 41

女 - 3획 | 心 - 15획 | 貝 - 9획 | 火 - 10획

| 女 | 慕 | 貞 | 烈 |
|---|---|---|---|
| 계집 녀 | 사모할 모 | 곧을 정 | 매울 렬 |
| ㄑ ㄨ 女 | 艹 艹 芓 荁 莫 莫 慕 | ' ㅏ 占 自 卣 貞 | ㄒ ㄅ 歹 列 列 烈 烈 |

여자의 특징인 젖가슴을 부각시켜 그 형상을 본뜬 글자이다.

**풀이** 여모정렬 : 여자(女)는 고운 마음씨와 정결한 몸가짐인 정렬(貞烈)을 사모(慕)해야 하고,

● 정렬(貞烈)은 자기와 같은 사람을 담아 낳는 하늘이 베푼 그릇이니 여자는 자기의 심정따라 함부로 하지말고 굳게 지켜야 한다함을 내포한 말로 특히 여자는 그것을 사모해야 한다는 말.

### 42

田 - 7획 | 攵 - 10획 | 手 - 3획 | 艮 - 7획

| 男 | 效 | 才 | 良 |
|---|---|---|---|
| 사내 남 | 본받을 효 | 재주 재 | 어질 량 |
| ㅣ 口 曰 田 田 男 男 | 亠 ㅗ 六 交 汝 効 效 | 一 十 才 | ' ㄱ ㅋ 皀 良 良 |

순수한 것을 고른 곡식처럼 어질고 여문 사람이 좋은 사람이라는 의미의 글자이다.

**풀이** 남효재량 : 남자(男)는 어질고 재능(才)이 훌륭한 사람을 본받아야(效) 하느니라.

● 재량(才良)은 남자로서의 참다운 기질로는 어질고 재능이 있는 사람을 본받음으로써 자기 주변의 사람들에게 베풀 수 있는 기본 소양을 갖출 수 있도록 노력하여야 하고 그것이 곧 군자의 길이라는 뜻.

## 운율(韻律) 知過必改하며 得能莫忘하여야 하느니라.

### 43

회초리로 종아리를 쳐서 잘못을 깨닫게 하고 고치는 형상을 본뜬 글자이다.

| 矢 - 8획 | 辶 - 13획 | 心 - 5획 | 攵 - 7획 | 평가 |
|---|---|---|---|---|
| 知 | 過 | 必 | 改 | |
| 알 지 | 재날 과 | 반드시 필 | 고칠 개 | |

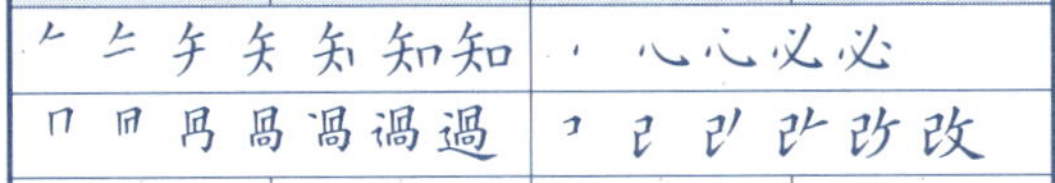

**풀이** **지과필개 : 인간이라면 잘못이 있을 수는 있지만 자기의 과실(過)을 알았을 때는(知) 반드시(必) 고쳐야(改) 할 것이며,**

●논어(論語)에서는 위 영공편(衛靈公篇)에 공자께서 가로되, '잘못을 저지르고도 고치지 않는다면 그것을 일러 곧 잘못이라고 하느니라(子日, 過而不改 是謂過矣)'했다

### 44

서쪽 숲(艸)으로 져가는 해(日)가 그 빛을 점차 잃고 마는 것처럼 사람들이 생각들을 잊어비린다는 의미의 글자이다.

| 彳 - 11획 | 月 - 10획 | 艸 - 11획 | 心 - 7획 | 평가 |
|---|---|---|---|---|
| 得 | 能 | 莫 | 忘 | |
| 얻을 득 | 능할 능 | 없을 막 | 잊을 망 | |

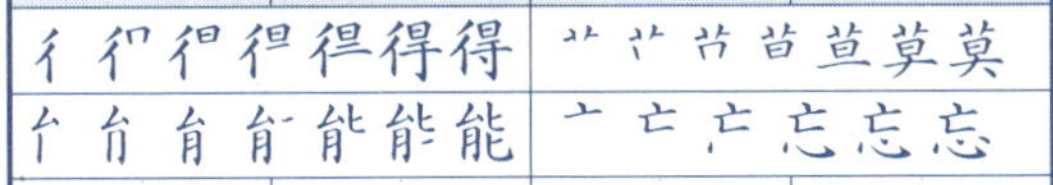

**풀이** **득능막망 : 심신을 닦으면서 얻은(得) 좋은 재능(能)들은 평생 잊지 않도록(莫忘) 보다 부단히 노력하고 애써야 할 것이니라.**

●득능(得能)이란 말은 자기가 재능 따위를 얻는다는 말이긴 하지만, 의(義)가 있는 어진 마음으로 남에게 베풀 수 있는 재능 따위를 내포하고 있다.

## 운율(韻律) 罔談彼短이며 靡恃己長이니라.

### 45

罔 談 彼 短

| 网 - 8획 | 言 - 15획 | 彳 - 8획 | 矢 - 12획 | 평가 |
|---|---|---|---|---|
| 없을 망 | 말씀 담 | 저 피 | 짧을 단 | |
| 冂冂門門罔罔罔 | 言言診談談談談 | 彳彳彳彿彼彼 | 矢矢矢短短短短 | |

화살 촉(矢)이 콩(豆)같이 짧고 작은 형상을 본뜬 글자이다.

**풀이** 망담피단 : 사람다운 사람(君子)이라면 다른 사람(彼)의 허물(短)을 입이라고 함부로 말(談)하지 말 것이며(罔),

● 망담(罔談)이란 타인의 허물 뿐만아니라 자신의 말로 인하여 타인에게 천시보여지는 막말 따위도 함께 경계하는 말이다.

### 46

靡 恃 己 長

| 非 - 19획 | 忄 - 9획 | 己 - 3획 | 長 - 8획 | 평가 |
|---|---|---|---|---|
| 아닐 미 | 믿을 시 | 몸 기 | 길 장 | |
| 亠广麻麻麾靡靡 | 忄忄忄忭恃恃恃 | 一コ己 | 一一二三F長長長 | |

지팡이에 의지하여 걷고 있는 어른의 형상을 본뜬 글자이다.

**풀이** 미시기장 : 자기(己)의 하찮은 장점(長)을 믿고(恃) 교만한 사람이라면 머리에 든 것이 전혀 없는(靡) 사람이니라.

● 자기에게 장점이 있다면 그것으로 말미암아 베풀 수 있는 경지를 모색하는 것이 수신(修身)의 길이고 스스로 자만하는 것은 군자의 도에서는 경계하고 또 경계해야 할 말이란 뜻이다.

운율(韻律): 信使可覆이나니 器欲難量하느니라.

## 47

信使可覆

| 人 - 9획 | 人 - 8획 | 口 - 5획 | 襾 - 18획 | 평가 |
|---|---|---|---|---|
| 信 | 使 | 可 | 覆 | |
| 믿을 신 | 부릴 사 | 옳을 가 | 덮을 복 | |
| 亻亻亻信信信信 | | 一厂厅可 | | |
| 亻亻亻亻信使使 | | 一覀覀覆覆覆 | | |

윗사람(人)이 아전(吏)같은 사람을 부리거나 아랫사람이 윗사람에게 부림을 받는 형상을 본뜬 글자이다.

**풀이** 신사가복 : 사람과 사람 사이에 믿음(信)이 있는 일이라면(使) 되풀이(覆)하여 실천하는 것이 옳으나니(可),

● 여기서 사(使)는 '~으로 하여금 ~게 하라'는 뜻으로 문법상 부사의 구실을 한다. 그래서 신의로 반복하여 실천하는 것이 옳다는 말이 될 수 있다.

## 48

器欲難量

| 口 - 16획 | 欠 - 11획 | 隹 - 19획 | 里 - 12획 | 평가 |
|---|---|---|---|---|
| 器 | 欲 | 難 | 量 | |
| 그릇 기 | 하고자할 욕 | 어려울 난 | 헤아릴 량 | |
| 口吅吅哭哭器器 | | 茸茣茣蘳蘳難難 | | |
| 㕣㕣谷谷谷欲欲 | | 日旦早昌昌量量 | | |

진흙 황토색의 새는 희귀하여 좀처럼 보기 어렵다는 의미의 글자이다.

**풀이** 기욕난량 : 다른 사람들의 어진 심성과(器) 욕망(欲) 또한 헤아리기(量) 어려우니(難) 군자된 도리에 보다 큰 그릇이 되어야 하느니라.

● 한나라 왕충(王充) 논형(論衡)에 이르기를 器受一升 以一升則平 受之如過 一升則滿溢也(기수일승 이일승즉평 수지여과 일승즉만일야)라 한 되량의 그릇에 곡알을 담은 즉 기울림이 없어 평온하나 그 되에 넘치게 담은 즉 차서 어지럽게 넘치는 것이 사람의 욕망이란 뜻이다.

## 운율(韻律) 墨悲絲染하고 詩讚羔羊하느니라.

### 49

| 土 - 15획 | 心 - 12획 | 糸 - 12획 | 木 - 9획 | 평가 | |
|---|---|---|---|---|---|
| 墨 | 悲 | 絲 | 染 | 墨 悲 絲 染 | |
| 먹 묵 | 슬플 비 | 실 사 | 물들일 염 | | |
| 冂 罒 甲 里 黑 黑 墨 | ﹐ ㅣ ㄱ ㅕ 非 悲 悲 | ㄠ 幺 糸 絲 絲 絲 絲 | ﹐ ㄱ 氿 氿 染 染 染 | 墨 悲 絲 染 | |

슬피우는 새가 정상이 아닌(非) 것처럼 놀라 날아가는 모습처럼 슬픈 마음(心)의 형상을 본뜬 글자이다.

**풀이** 묵비사염 : 현인 묵적(墨)은 한 번 검게 물들여진(染) 실이 다시 하얀 실(絲)이 될 수 없음이 마치 향락에 빠진 회나라왕 중(仲)처럼 그 심성같아 슬퍼하였고(悲),

● 묵적은 묵자(墨子)를 말함인데 춘추전국시대 때 노(魯)나라의 현인(賢人)이다. 왕의 실정에 회나라 대부들은 어질고 현명한 군주를 찾아 떠나면서 왕의 마음을 돌이킬 수 없음을 한탄하였다고 하는 것을 묵적이 슬퍼했다는 말이다.

### 50

| 言 - 13획 | 言 - 26획 | 羊 - 10획 | 羊 - 6획 | 평가 | |
|---|---|---|---|---|---|
| 詩 | 讚 | 羔 | 羊 | 詩 讚 羔 羊 | |
| 시 시 | 기릴 찬 | 새끼양 고 | 양 양 | | |
| ﹐ 言 訁 詰 詩 詩 詩 | 訁 訁 諎 講 讚 讚 讚 | ˇ ˇ 쓰 羊 羔 羔 | ˇ ˇ 쓰 쓰 羊 羊 | 詩 讚 羔 羊 | |

양의 뿔과 눈 그리고 털이 풍성한 몸 꼬리 등의 형상을 그린 글자이다.

**풀이** 시찬고양 : 한편 시경(詩)의 고양(羔羊)편에는 백성들이 소공의 어진 덕을 기리고(讚) 노래했느니라.

● 시경(詩經) 회풍편(檜風篇)에는 위처럼 자기네 왕의 어리석음을 슬퍼하는 애조(哀調)띤 가사인데 반하여 여기 시편 고양편(羔羊篇)에서는 소(召)의 땅을 어진 덕으로 다스린 소공(召公)을 기리는 가사로 대조적인 시이다.

**운율(韻律)** 景行維賢하면 剋念作聖하니라.

## 51

景

해(日)가 경성(京)에 있는 궁궐 위에 떠올라 햇볕을 내려 더욱 경치가 좋다는 의미의 글자이다.

| 日 - 11획 | 行 - 6획 | 糸 - 14획 | 貝 - 15획 | 평가 |
|---|---|---|---|---|
| 景 | 行 | 維 | 賢 | 景 行 維 賢 |
| 빛 경 | 다닐 행 | 이을 유 | 어질 현 | 景 行 維 賢 |
| 冂日早몱몱몱景 | 丿丿彳彳行行 | 纟糹紀紏維維 | 臣取取腎賢賢 | |

**풀이** 경행유현 : 어질고 바른 행실(景行)로 인품과 덕(賢)을 쌓으면(維),

● 여기서 유(維)는 '벼리다'라는 뜻으로 거친 쇠를 연마하거나 단금질한다는 의미이다. 그래서 '잇다, 쌓다'로 의역하여 해석되어야 한다.

## 52

聖

어떤 진리를 들어(耳)도 그것에 통달하고 거짓없이 공정한(呈) 성인의 형상을 본뜬 글자이다.

| 儿 - 7획 | 心 - 8획 | 人 - 7획 | 耳 - 13획 | 평가 |
|---|---|---|---|---|
| 剋 | 念 | 作 | 聖 | 剋 念 作 聖 |
| 이길 극 | 생각 념 | 지을 작 | 성인 성 | 剋 念 作 聖 |
| 一十古声克剋剋 | 人今今今念念念 | 丿亻亻仁竹作作 | 耳耶耶耶聖聖 | |

**풀이** 극념작성 : 온갖 속된 집착(念)들을 이길(剋) 수 있으며 경행과 극기로 심신을 닦으면서(作) 성인(聖)도 될 수 있느니라.

● 惟聖罔念作狂 惟狂克念作聖 (유성망념작광 유광극념작성)라 생각하건대 '성인일지라도 그 생각을 다스리지 못하고 도리를 잊으면 미치광이와 같이 되고, 생각컨대 미치광이일지라도 그 마음을 잘 다스려 욕심을 이기면 성인이 되는 것이다.'와 일맥상통한 구절이다.

## 운율(韻律) 德建名立이면 形端表正하니라.

### 53

| 彳 - 15획 | 攵 - 9획 | 口 - 6획 | 立 - 5획 | 평가 |
|---|---|---|---|---|
| 德 | 建 | 名 | 立 | |
| 큰 덕 | 세울 건 | 이름 명 | 설 립 | |
| 彳彳彳彳德德德 | フユヨ클聿建建 | ノクタタ名名 | 、二亠立立 | |

립(立)은 大와 一이 합성된 글자로 사람이 대자로 땅에 서있는 형상을 본뜬 글자이다.

**풀이** 덕건명립 : 이처럼 덕(德)을 쌓으면(建) 명성(名)이 자리잡게(立) 되고,

● 여기서 명립(名立)은 입신양명(立身揚名)을 뜻하기도 하며 덕건(德建)은 덕을 쌓아 세워짐으로써 명성이 나고 입신양명할 수도 있다는 말이다.

### 54

| 彡 - 7획 | 立 - 14획 | 衣 - 8획 | 止 - 5획 | 평가 |
|---|---|---|---|---|
| 形 | 端 | 表 | 正 | |
| 형상 형 | 끝 단 | 거죽 표 | 바를 정 | |
| 一二于开形形形 | 立立立立端端端 | 二キ主丰表表表 | 一丁F正正 | |

날개나 털(二 = 毛의 생략형)로 만든 옷의 형상을 본뜬 글자이다.

**풀이** 형단표정 : 그 군자의 향기는 얼굴 표정(形)에서 까지 진실(端)이 겉(表)으로 아름답게(正) 나타나니라.

● 군자의 덕은 형체를 그림자로 알 수 있듯이 그 사람의 덕량은 언행이나 표정에서 나타난다는 말이다.

# 천자문 33

**운율(韻律)** 空谷傳聲이니 虛堂習聽하느니라.

## 55

聲

아악기의 일종인 경쇠를 치는 그 소리를 귀로 듣는 형상을 본뜬 글자이다.

| 穴 - 8획 | 谷 - 7획 | 人 - 13획 | 耳 - 17획 | 평가 |
|---|---|---|---|---|
| 空 | 谷 | 傳 | 聲 | |
| 빌 공 | 골 곡 | 전할 전 | 소리 성 | |
| ᅵ ᅳ ᆞ 宀 宀 空 空 空 | ᅵ ᄼ ᄽ 父 父 谷 谷 | 亻 亻 佢 佢 佪 傳 傳 | 声 声 殸 殸 殸 聲 聲 | |

**풀이** 공곡전성 : 유덕군자(有德君子)의 말(聲)은 아무도 없는 빈(空) 골짜기(谷)에서 내는 소리일지라도 멀리까지 전해지는(傳) 것이니,

● 빈 골짜기에서 소리를 내면 산울림으로 그 소리가 메아리치듯 군자의 어진 덕성이 쌓이면 그러하다는 말이다.

## 56

習

어린 새가 흰 배(白)가 보이도록 날갯짓하여 날으려고 연습하고 익히는 형상을 본뜬 글자이다.

| 虍 - 12획 | 土 - 11획 | 羽 - 11획 | 耳 - 22획 | 평가 |
|---|---|---|---|---|
| 虛 | 堂 | 習 | 聽 | |
| 빌 허 | 집 당 | 익힐 습 | 들을 청 | |
| ᅩ 卢 虍 虐 虚 虛 虛 | ᅵ ᅵ ᅭ ᅭ 岁 堂 堂 | ᄏ 羽 羽 習 習 習 | 耳 聆 聍 聍 聽 聽 | |

**풀이** 허당습청 : 그러므로 군자는 아무도 없는 빈 집(虛)에서 혼자 하는 말이라도 잘 살펴서(聽) 말하는 진지함을 길러야(習) 하느니라.

● 그리고 군자는 벽에도 귀가 있듯이 언행을 삼가해야 한다는 말이다.

## 운율(韻律) 禍因惡積이고 福緣善慶이니라.

### 57

禍積積

패(貝)는 조개로 표현되었지만 옛날에는 화폐의 단위로 쓰였는데 벼(禾)를 책임(責)지고 쌓아 올리듯 재물을 모은다는 의미의 글자이다.

| 示 - 14획 | 口 - 6획 | 心 - 12획 | 禾 - 16획 | 평가 | | | |
|---|---|---|---|---|---|---|---|
| 禍 | 因 | 惡 | 積 | 禍 | 因 | 惡 | 積 |
| 재화 화 | 인할 인 | 악할 악 | 쌓을 적 | | | | |
| 千 示 示 初 祸 禍 禍 | 丨 冂 日 因 因 因 | 一 丅 亞 亞 惡 惡 | 禾 禾 秆 秸 積 積 積 | 禍 | 因 | 惡 | 積 |

**풀이** 화인악적 : 모든 재앙(禍)은 악(惡)을 쌓은(積) 데서 오고(因),

● 역(易)의 곤위지(坤爲地)에 이르기를 積善之家必有餘慶 積不善之家必有餘殃(적선지가필유여경 적불선지가필유앙)이라, 곧 착한 공덕을 쌓은 집안은 필히 그 자손들에게까지 복이 미칠 것이며, 착한 공덕을 외면한 집안은 필히 재앙이 그 자손에게까지 미치게 되는 것이라는 말과 같다.

### 58

福善善

순한 양처럼 선한 말과 착한 말만을 하는 어진 사람이란 의미의 글자이다.

| 示 - 14획 | 糸 - 15획 | 口 - 12획 | 心 - 15획 | 평가 | | | |
|---|---|---|---|---|---|---|---|
| 福 | 緣 | 善 | 慶 | 福 | 緣 | 善 | 慶 |
| 복 복 | 인연 연 | 착할 선 | 경사 경 | | | | |
| 示 示 初 祸 福 福 | 糸 糸 終 終 緣 緣 緣 | 丷 苎 羊 差 善 善 | 广 庐 庐 庐 唐 庙 慶 | 福 | 緣 | 善 | 慶 |

**풀이** 복연선경 : 무릇 복(福)이란 선행(善)을 쌓는 데서 연유(緣)하여 그 경사(慶)스러움이 오는 것이니라

● 회남자에 이르기를 禍之來也人自生之 福之來也人自成之(화지래야인자생지 복지래야인자성지)이니라 했다. 재앙은 그 사람 스스로가 생기는 원인을 만들어서 오는 것이고 복 또한 그 사람 스스로가 이루는 원인이 있어 오는 것이라 했다.

# 운율(韻律) 尺璧非寶이고 寸陰是競이니라.

## 59

尺 - 4획 | 玉 - 18획 | 非 - 8획 | 宀 - 20획 | 평가

尺 璧 非 寶
자 척 / 구슬 벽 / 아닐 비 / 보배 보

한 쪽 날개가 아닌 두 날개로 비상하려는 새의 형상을 본뜬 글자이다.

**풀이** 척벽비보 : 크기가 한 자나(尺) 되는 옥(璧)이라도 진정한 보배(寶)라 할 수 없는 것이니(非),

● 세상의 온갖 보화도 덧없는 것임을 죽는 순간에 아차하고 깨닫는 그 순간을 신이 준다고 한다. 무릇 군자의 눈에는 높은 곳에서 멀리 산수를 볼 때 아래의 모든 것이 작게 보이듯 재물의 보배로움 조차 하찮게 보인다는 말.

## 60

寸 - 3획 | 阝 - 11획 | 日 - 9획 | 立 - 20획 | 평가

寸 陰 是 競
마디 촌 / 그늘 음 / 이 시 / 다툴 경

두 사람이 완력과 입씨름으로 다투고 있는 형상을 본뜬 글자이다.

**풀이** 촌음시경 : 잠깐 사이에 순간이 다투듯(競) 지나가고 마는 이(是) 촌음(寸陰)이야 말로 다시 올 수 없는 보배이니 한시라도 아껴 인격도야에 힘써야 하느니라.

● 인간의 눈에 하루살이가 반나절을 평생으로 여기듯 하늘에 있는 조물주의 눈에는 인간의 한 평생이 하루살이처럼 찰라일 것이다. 여기서 촌음이란 젊은 한 때가 찰라 중에 순간이라 강조한 말이다.

## 운율(韻律)
資父事君하며 曰嚴與敬하느니라.

### 61

**事** 어떤 사실을 기록(史)할 때 붓(尹)을 손에 들고 일처리를 하는 형상을 그린 글자이다.

| 貝 - 13획 | 父 - 4획 | 亅 - 8획 | 口 - 7획 | 평가 |
|---|---|---|---|---|
| 資 | 父 | 事 | 君 | |
| 근본 자 | 아비 부 | 일 사 | 임금 군 | |
| 丶宀次次冹資資 | | 一厂厅写写事 | | |
| 丿丷父父 | | フユヨ尹尹君君 | | |

**풀이** 자부사군 : 아버지(父)는 자식의 근본(資)이니 임금(君)을 섬기 듯(事) 하여야 하느니,

● 효경(孝經)에 이르기를 資於事父 以事君而敬同(자어사부 이사군이경동)이라 했다. 그 의미는 아버지를 섬기는 마음과 임금을 섬기는 마음은 공경해야 하는 마음에 있어서는 같다라는 말이다.

### 62

**與** 마주보고 있는 두 사람이 양손을 붙잡고 더불어 서로의 뜻을 주고 받는 형상을 본뜬 글자이다.

| 日 - 4획 | 口 - 20획 | 臼 - 14획 | 攵 - 13획 | 평가 |
|---|---|---|---|---|
| 曰 | 嚴 | 與 | 敬 | |
| 가로 왈 | 엄할 엄 | 더불어 여 | 공경 경 | |
| 丨口日曰 | | 臼臼與與與 | | |
| 严严严严严厳嚴 | | 艹艹苟苟苟敬敬 | | |

**풀이** 왈엄여경 : 이른바(曰) 아버지와 임금을 모시는 일은 엄숙(嚴)함과 더불어(與) 진심에서 우러나는 마음으로 공경(敬)함을 다해야 하느니라.

● 또, 예기(禮記)의 제통편(祭統篇)에 이르기를 忠臣以事其君 孝子以事其親 其本一也(충신이사기군 효자이사기친 기본일야)라 충신이 그 임금을 섬기는 것과 효자가 그 어버이를 섬기는 것은 그 근본은 하나이다라는 말로 위 구를 이해하여야 한다.

**운율(韻律):** 孝當竭力하며 忠則盡命것이니라.

## 63

| 子 - 8획 | 田 - 13획 | 立 - 14획 | 力 - 2획 | 평가 | |
|---|---|---|---|---|---|
| 孝 | 當 | 竭 | 力 | 孝 當 竭 力 | |
| 효도 효 | 마땅할 당 | 다할 갈 | 힘 력 | | |
| 一 十 土 耂 考 孝 | | 立 立｢ 圴 圴 竭 竭 竭 | | | |
| ⺌ ⺌ ⺌ 尚 尚 常 當 當 | | フ 力 | | | |

孝: 아이가 할아버지(老) 앞에서 재롱떨며 효도하려는 듯 춤을 추는 형상을 본뜬 글자이다.

**풀이** 효당갈력 : 모름지기(當) 효도(孝)란 있는 힘(力)을 다해야(竭) 할 것이며,

● 효당(孝當)은 당연한 효도의 근본을 말함이고 갈력(竭力)은 있는 힘을 다해 애써서 그 정성을 다해 부모님을 보살펴 드려야 한다는 말이다.

## 64

| 心 - 8획 | 刀 - 9획 | 皿 - 14획 | 口 - 8획 | 평가 | |
|---|---|---|---|---|---|
| 忠 | 則 | 盡 | 命 | 忠 則 盡 命 | |
| 충성 충 | 곧 즉 | 다할 진 | 목숨 명 | | |
| 口 口 中 忠 忠 忠 | | ⺻ 圭 聿 書 盡 盡 盡 | | | |
| 丨 冂 月 目 貝 貝 則 | | 人 人 人 合 合 命 命 | | | |

忠: 충성스러움이란 항상 가슴 속(中)에 충직한 마음(心)을 간직해야 한다는 의미의 글자이다.

**풀이** 충즉진명 : 임금을 섬기는 일 역시 그러하니 충성(忠)이란 곧(則) 목숨(命)을 다(盡) 바쳐 섬기는 일이니라.

● 위의 구(句)에서는 있는 힘을 다하라하고 왕에게는 충성함에 있어 목숨을 바치라는 정도의 차이가 애매하지만 천자문에서는 충과 효를 내내 같은 것으로 말하여 왔음에 여기서 진명(盡命)은 위의 갈력을 거듭한 말이다.

**운율(韻律)** 臨深履薄하며 夙興溫凊 하라.

## 65

薄
풀(艹)을 엷게 손(寸)으로 펴서 물기(水)를 말리려는 형상을 본뜬 글자이다.

| 臣 - 17획 | 氵 - 11획 | 尸 - 15획 | 艹 - 17획 | 평가 | |
|---|---|---|---|---|---|
| 臨 | 深 | 履 | 薄 | 臨 深 履 薄 | |
| 임할 임 | 깊을 심 | 밟을 리 | 엷을 박 | | |
| 𠂉𠂉臣臣𦥑𦥑臨臨 | | ⁷尸尸尸屈履履 | | 臨 深 履 薄 | |
| 氵汀沪浐深深深 | | ⁺艹艹芦芦蒲蒲薄 | | | |

**풀이** 임심리박 : 부모를 모시는 일은 깊은(深) 물가에 임(臨)하듯, 엷은(薄) 어름 위를 밟(履)듯 조심스럽게 행해야 하며,

● 임심(臨深)은 깊은 물가에서는 위험하니 조심해야 한다는 말이고 리박(履薄)은 엷은 어름을 밟을 때의 위태로움을 조심하듯 부모를 섬겨야 한다는 말이다.

## 66

溫
뜨거운 물(水)을 부드럽게 식혀 따뜻할 때 탕(皿)에 들어가 목욕도 할 수 있다는 의미의 글자이다.

| 夕 - 6획 | 臼 - 16획 | 氵 - 13획 | 冫 - 12획 | 평가 | |
|---|---|---|---|---|---|
| 夙 | 興 | 溫 | 凊 | 夙 興 溫 凊 | |
| 이를 숙 | 일어날 흥 | 따뜻할 온 | 서늘한 정 | | |
| 丿几凡凤夙夙 | | 氵氵沪沪泅溫溫 | | 夙 興 溫 凊 | |
| 臼𦥑𦥑𦥑興興興 | | 氵氵汗清清清 | | | |

**풀이** 숙흥온정 : 아침에는 일찍(夙) 일어나(興) 추우면 따뜻하게(溫) 해드리고 더우면 서늘하게(凊) 해드려야 하느니라.

● 숙흥(夙興)의 이미는 일찍 일어나, 이른 아침에 일어나야 한다고 말하는 것이나 부모님보다 항상 일찍 일어나고 부모님보다 늦게 잠자리에 들면서 그 보살핌을 지극히 해야 한다는 말이다.

**운율(韻律)**: 似蘭斯馨이고 如松之盛하니라.

## 67

**蘭**

문(門) 밖에 난초(艸)의 향기가 실패에서 실이 풀리듯 그윽하다는 의미의 글자이다.

| 人 - 7획 | 艸 - 21획 | 斤 - 12획 | 禾 - 18획 | 평가 |
|---|---|---|---|---|
| 似 | 蘭 | 斯 | 馨 | |
| 같을 사 | 난초 란 | 이 사 | 향기 형 | |
| ノイイ仁似似 | ⺿芦門門蘭蘭 | 一十甘甘其斯斯 | 声殸殸磬馨馨 | |

**풀이** 사란사형 : 이처럼 충효를 알아 행하는 군자의 인품은 마치 난초(蘭)와 같아서(似) 그(斯) 향기(馨)가 멀리까지 풍기고,

● 난초의 고결함이 군자와 같다는 뜻으로 예로부터 동양화에서는 난을 친다할 정도 군자의 주제로 그려왔다. 그래서 난(蘭)은 매화·국화·대나무와 함께 사군자(四君子)라 일컬어 오기도 한다.

## 68

**盛**

잔칫상이나 젯상에 여러 그릇(皿)들에 정성스럽게 음식이 가득(成) 차려진 형상을 본뜬 글자이다.

| 女 - 6획 | 木 - 8획 | ノ - 4획 | 皿 - 12획 | 평가 |
|---|---|---|---|---|
| 如 | 松 | 之 | 盛 | |
| 같을 여 | 소나무 송 | 갈 지 | 성할 성 | |
| く女女如如 | 十才木木松松 | 、亠之 | 一厂厈成成盛盛 | |

**풀이** 여송지성 : 군자의 절의와 기개는 언제나 푸른 소나무(松)와 같아(如) 그 번성(盛)함이 변함없으리라(之).

● 소나무(松) 또한 한 겨울에도 푸르름을 잃지 않는다하여 군자의 절개(節槪)와 나라에 대한 충성으로 표현되는 동양화의 소재로 많이 쓰여 왔다.

**운율(韻律)** 川流不息하니 淵澄取映되니라.

## 69

息

숨가쁘게 바쁜 일상에서 틈을 내어 코(自=鼻)로 숨을 몰아쉬며 쉬는 동안 마음(心)이 진정되는 형상을 본뜬 글자이다.

| 巛 - 3획 | 氵 - 10획 | 一 - 4획 | 心 - 10획 | 평가 | | | |
|---|---|---|---|---|---|---|---|
| 川 | 流 | 不 | 息 | 川 | 流 | 不 | 息 |
| 내 천 | 흐를 류 | 아닐 불 | 숨쉴 식 | | | | |
| 丿 丿 川 | 氵 氵 汴 汴 汴 汸 流 | 一 フ 才 不 | 丬 自 自 自 息 息 息 | | | | |

**풀이** 천류불식 : 냇가의 물(川)은 쉼(息)없이(不) 흐르고(流) 흐르니,

● 논어(論語)에 이르기를, 子曰 見賢思齊 見不賢而 內自省也(자왈 견현사제 견불현이 내자성야)라 공자께서 이르시길, 현명한 이를 보면 자신을 살펴 삼가할 것을 생각하고, 현명하지 못한 자를 보거든 자신의 마음을 살펴 스스로 반성하라 했다.

## 70

取

귀(耳)를 손(又)으로 긁적이며 무엇을 어떻게 취할까 생각하는 형상을 본뜬 글자이다.

| 氵 - 12획 | 氵 - 15획 | 又 - 8획 | 日 - 9획 | 평가 | | | |
|---|---|---|---|---|---|---|---|
| 淵 | 澄 | 取 | 映 | 淵 | 澄 | 取 | 映 |
| 못 연 | 맑을 징 | 취할 취 | 비칠 영 | | | | |
| 氵 氵 沪 渊 渊 渊 淵 | 氵 氵 氵 汃 澄 澄 澄 | 一 厂 F F 耳 取 取 | 丨 日 日 旫 映 映 | | | | |

**풀이** 연징취영 : 깊은 연못(淵)에 다다르면 깊은 물을 이루어 그 물이 맑고 맑아서(澄) 세상 만상을 비출(映) 수 있게 되(取)느니라.

● 또한 중용(中庸)에 이르기를, 小德川流 大德敦化(소덕천류 대덕돈화)라 작은 덕은 냇물처럼 흘러서 덕화를 입히고, 그런 작은 덕들이 모여서 큰 덕을 이루면 그 큰 덕은 말없이 보다 넓은 곳으로 교화를 입힌다.

**운율(韻律)** 容止若思이니 言辭安定하느니라.

## 71

| ㅗ-10획 | 止-4획 | 艹-9획 | 心-9획 | 평가 | |
|---|---|---|---|---|---|
| 容 | 止 | 若 | 思 | 容止若思 | |
| 얼굴 용 | 그칠 지 | 같을 약 | 생각 사 | | |
| 宀宀宀宕宕容容 | 丨卜止止 | 艹艹艹艾若若 | 口曰田田思思 | 容止若思 | |

가던 길을 멈추고 행동을 그치는 발(止)의 형상을 그린 글자이다.

**풀이** 용지약사 : 이같이(若) 학문과 인품이 지극한 곳까지 이르면 마음 속의 생각(思)이 얼굴(容)에 나타나 머무는(止) 것이니,

● 그칠 지(止)이 활용은 '하지 말라, 금지, 그치다'의 뜻보다는 의역해서 어떤 행위나 형상이 '머물러 나타난다'로 이해해야 하고 여기에서는 특히 그런 뜻으로 해석애야 한다.

## 72

| 言-7획 | 辛-19획 | 宀-6획 | 宀-8획 | 평가 | |
|---|---|---|---|---|---|
| 言 | 辭 | 安 | 定 | 言辭安定 | |
| 말씀 언 | 말씀 사 | 편안할 안 | 정할 정 | | |
| 、亠亠늘言言言 | 乎乎乎嗣嗣辭辭 | 、宀宀宀安安 | 、宀宀宀宇定定 | 言辭安定 | |

인중의 골과 말할 때 입(口) 주변에 주름지는 어른의 말씀하시는 입의 형상을 본뜬 글자이다.

**풀이** 언사안정 : 매사 언행(言)과 언사(辭)를 어질고 안정(安)되게 하고 변함이 없어야 (定) 하느니라.

● 언사(言辭)란 옛날도 그러했겠지만 어감상 부정적으로 인식되어 왔다. 해야할 말조차 하지 못해서는 안되고 단지 남을 해치는 과오의 말을 하지 않음으로써 안정된 덕을 세우라는 뜻으로 해석함이 필요하다.

## 운율(韻律): 篤初誠美이나 愼終宜令하느니라.

### 73

篤初誠美

| 竹 - 16획 | 刀 - 7획 | 言 - 13획 | 羊 - 9획 | 평가 |
|---|---|---|---|---|
| 篤 | 初 | 誠 | 美 | |
| 두터울 독 | 처음 초 | 정성 성 | 아름다울 미 | |
| 竹竹竺竺笁篤篤 | | 言訂訢誠誠誠 | 丷业羊羊美美美 | |
| ` 亠 衤 衤 初 初 | | | | |

양(羊)은 혈색이 좋고 털이 아름다운 것이 고기로써는 그 맛이 최고(大)라는 의미의 글자이다.

**풀이** 독초성미 : 군자는 일을 함에 있어 처음(初)부터 준비하여 돈독히(篤)함이 진실로(誠) 아름다운(美) 일이나,

● 여기서 성미(誠美)를 '아름답다'표현했지만 의역하자면 '훌륭하다, 바르다, 옳다'로 인식함도 좋은 이해라 하겠다.

### 74

愼終宜令

| 忄- 13획 | 糸 - 11획 | 宀 - 8획 | 人 - 5획 | 평가 |
|---|---|---|---|---|
| 愼 | 終 | 宜 | 令 | |
| 삼갈 신 | 마칠 종 | 마땅 의 | 명령할 령 | |
| 忄忄忄忙忙忙愼 | | ` 宀宀宀宜宜宜 | ノ 人 亼 今 令 | |
| | 纟糸糸紗終終終 | | | |

관부로부터 받은 명령으로 하여금 아랫사람이 따르는 형상을 본뜬 글자이다.

**풀이** 신종의령 : 끝맺음(終) 또한 조심하고 삼가하여(愼) 모름지기(宜) 그 끝도 아름답게(令) 맺어야 하느니라.

● 이 구(句)—이 의미를 시종일관(始終一貫), 시종여일(始終如一), 종시여일(終始如一), 초지일관(初志一貫)을 비롯하여 유종지미(有終之美) 등의 고사성어의 뜻과 함께 이해하면 좋을 것이다.

## 운율(韻律) 榮業所基이니 籍甚無竟할 것이니라.

### 75

榮業所基

| 木 - 14획 | 木 - 13획 | 戶 - 8획 | 土 - 11획 | 평가 |
|---|---|---|---|---|
| 榮 | 業 | 所 | 基 | |
| 영화 영 | 업 업 | 바 소 | 터 기 | |

榮: 걸어놓은 종이나 북 등에 업으로 문양을 조각하고 새기는 일을 하는 사람의 형상을 본뜬 글자이다.

**풀이** 영업소기 : 이것(所)이야말로 일의 번영(營業)의 근본(基)이 되는 것이니,

● 위의 영업소기(營業所期)를 전후의 말을 각설하고 본 의미만을 찾는다면 '영달과 사업에는 반드시 그 기인(基因)한 바가 있는 법이다'라는 표현으로 이해할 수 있을 것이다.

### 76

籍甚無竟

| 竹 - 18획 | 甘 - 9획 | 火 - 12획 | 立 - 11획 | 평가 |
|---|---|---|---|---|
| 籍 | 甚 | 無 | 竟 | |
| 호적 적 | 심할 심 | 없을 무 | 마침내 경 | |

籍: 대나무(竹) 곁의 밭에서 땅을 갈던 어제(昔)의 내용을 문서에 기록하듯 호적에 신상을 기록한다는 의미의 글자이다.

**풀이** 적심무경 : 이렇게 하여야 그 학문과 명성이 널리 전하여(籍甚)지고 마침내(竟) 자손 대대로 잊혀짐이 없을(無) 것이니라.

● 위의 영업소기와 적심무경을 본 천자문(千字文)에서는 학문에 대한 성취와 거기에 따르는 명예를 말하는 것으로 그러한 명예는 후세에까지 그 영향이 미친다는 의미로 이해할 수 있다.

44 천자문

**운율(韻律)** 學優登仕되고 攝職從政되느니라.

## 77

篆: 學優登

제삿상의 제기(豆)들을 깨끗히 닦아 높은 찬장에 두 발을 모듬고 올려 정리하는 형상을 본뜬 글자이다.

| 子 - 16획 | 人 - 17획 | 癶 - 12획 | 人 - 5획 | 평가 |
|---|---|---|---|---|
| 學 | 優 | 登 | 仕 | |
| 배울 학 | 넉넉할 우 | 오를 등 | 벼슬 사 | |
| 丶 丷 ⺤ 臼 與 學 學 | ㇃ 九 癶 癶 登 登 登 | | | |
| 亻 仃 伛 偱 優 優 | 丿 亻 仁 什 仕 | | | |

**풀이** 학우등사 : 오랫동안 닦은 학문(學)과 견식이 넓어지면(優) 벼슬(仕)에 오르게(登) 되고,

● 우(優)는 '넉넉해지면, 넓어지면'으로 표현하였지만 '우수해지다, 높아지다, 깊어지다' 등으로 의역해서 이해할 수도 있다.

## 78

篆: 攝職職

관리의 직분상 귀(耳)로 들은 말(音) 등을 널판지에 칼(戈) 등으로 새기는 일을 하는 형상을 본뜬 글자이다.

| 扌 - 21획 | 耳 - 18획 | 彳 - 11획 | 攵 - 9획 | 평가 |
|---|---|---|---|---|
| 攝 | 職 | 從 | 政 | |
| 잡을 섭 | 벼슬 직 | 좇을 종 | 정사 정 | |
| 扌 扩 拒 捏 攝 攝 | | 亻 ⼻ 彳 徉 從 從 | | |
| 耳 耵 聇 聹 職 職 | | 一 丅 F 正 政 政 政 | | |

**풀이** 섭직종정 : 직책을 맡아(攝職) 임금을 모시고(從) 정사(政)를 돌보게 되느니라.

● 섭직(攝職)은 '관직을 맡다, 보직을 맡다, 어떤 직무의 자리를 잡다' 등으로 이해하여 종(從)을 '정치에 종사하다, 임금과 더불어' 등으로 해석될 수도 있다.

천자문 45

**운율(韻律)**: 存以甘棠이니 去而益詠하였느니라.

## 79

甘

단 것을 맛보려면 입의 혀를 내밀어야 하는데 그 때 입과 혀의 형상을 본뜬 글자이다.

| 子-6획 | 人-5획 | 甘-5획 | 木-12획 | 평가 |
|---|---|---|---|---|
| 存 | 以 | 甘 | 棠 | |
| 있을 존 | 써 이 | 달 감 | 아가위 당 | |
| 一ナオ存存存 | | 一十廿廿甘 | | |
| 丶㇏丶ㄴ以以 | | 䒑䒌㟢堂学棠 | | |

**풀이** 존이감당 : 소공이 소(召) 땅을 다스릴 때(存) 아가위(감당:甘棠)나무 아래서 백성들을 지극정서로 보살핀 까닭(以)에,

● 소공자(召公子)는 은(殷)나라 주왕을 멸하고 주(周)나라를 세운 무왕(武王)의 친척으로 무왕으로부터 소(召)의 땅을 다스릴 수 있는 후(侯)로 봉해졌었다.

## 80

益

가득찬 물(八)이 담겨진 그릇(皿)에 한(一) 번 더 하여 물(八)을 부으니 넘치는 형상을 본뜬 글자이다.

| ム-5획 | 而-6획 | 皿-10획 | 言-12획 | 평가 |
|---|---|---|---|---|
| 去 | 而 | 益 | 詠 | |
| 갈 거 | 말이을 이 | 더할 익 | 읊을 영 | |
| 一十土去去 | | 丷䒑兴兴益益 | | |
| 一厂厅而而 | | 言言訁訁訁詠詠 | | |

**풀이** 거이익영 : 그가 죽고 난 후(去而)에도 백성들은 그의 덕을 잊지않고 기려(益) 감당시(甘棠詩)를 칭송하여 읊었었느니라.

● 그런 소공(召公)은 지방을 순시하며 나랏일을 볼 때 청렴결백(淸廉潔白)한 성품으로 백성들에게 폐를 끼치지 않기 위해 감당나무 밑에 자리를 펴고 그곳(큰집)에서 선정을 베풀었는데 위의 절구(節句)는 그러한 소공자의 덕을 후대에서 까지 기렸다는 이야기이다.

## 운율(韻律) 樂殊貴賤하고 禮別尊卑하였느니라.

### 81

| 木 - 15획 | 歹 - 10획 | 貝 - 12획 | 貝 - 15획 | 평가 | |
|---|---|---|---|---|---|
| 樂 | 殊 | 貴 | 賤 | 樂 殊 貴 賤 | |
| 풍류 악 | 다를 수 | 귀할 귀 | 천할 천 | 樂 殊 貴 賤 | |
| ㄇ 伯 纵 樂 樂 樂 | 一 ア タ 歹 歺 殊 | 口 中 虫 告 貴 貴 | 目 貝 貯 賎 賤 賤 | | |

삼태기나 광주리 속(中)에 돈이 버금(一)가는 귀중한 재물(貝)을 가득 넣고 귀하게 여기는 형상을 본뜬 글자이다.

**풀이** 악수귀천 : 음악을 연주하는데도 신분의 귀하고(貴) 낮음(賤)에 따라 무악(樂)을 달리(殊)하였고,

● 무악(舞樂)이란 나라에서의 공식행사 때 쓰였던 음악이나 무곡(춤곡) 등을 말하며 여기서의 귀천(貴賤)은 신하들의 품계를 말한다.

### 82

| 示 - 18획 | 刀 - 7획 | 寸 - 12획 | 十 - 8획 | 평가 | |
|---|---|---|---|---|---|
| 禮 | 別 | 尊 | 卑 | 禮 別 尊 卑 | |
| 예도 례 | 다를 별 | 높을 존 | 낮을 비 | 禮 別 尊 卑 | |
| 示 和 禮 禮 禮 禮 | 丨 口 口 号 別 別 | 八 严 酋 尊 尊 | 丿 白 白 白 甶 卑 | | |

잘 익은 술(酋=酒)을 존경하는 분(八)께 공손히 두 손(寸)을 받쳐 높이 올리는 형상을 본뜬 글자이다.

**풀이** 예별존비 : 예절(禮) 또한 높고(尊) 낮음(卑)에 따라 분별(別)하여 행하였느니라.

● 여기서 예(禮)란 오례(五禮)와 구례(九禮)가 있는데 오례로는 길례(吉禮-제사), 흉례(凶禮-상례, 초상의 예), 빈례(賓禮-손님 접대의 예), 군례(軍禮-군대의 예), 가례(嘉禮-결혼식의 예)를 말한다. 이 오례에 사내가 20세가 되면 머리에 관을 씌우는 관례, 임금을 모시는 조례, 사신을 보내는 빙례, 음식을 먹을 때의 향음주례를 더한 것이 구례이다.

천자문 47

## 운율(韻律): 上和下睦이니 夫唱婦隨하느니라.

### 83

睽 睦 睦

관상학적으로 땅(土)의 높이와 다른(八) 언덕(土)처럼 눈두덩이(目)가 부푼 사람은 대개 화목하다는 의미의 글자이다.

| 一 - 3획 | 口 - 8획 | 一 - 3획 | 目 - 13획 | 평가 |
|---|---|---|---|---|
| 上 | 和 | 下 | 睦 | |
| 윗 상 | 화할 화 | 아래 하 | 화목할 목 | |
| 丨 卜 上 | 二 千 禾 禾 和 和 和 | 一 丁 下 | 丨 目 旷 旷 睦 睦 睦 睦 | |

**풀이** 상화하목 : 그렇게 하여 예에 어긋남이 없게 하였으니 윗사람(上)은 온화(和)한 덕을 베풀고 아랫사람(下)들은 화목(睦)함으로 윗사람이나 어른을 받들어 집안이 언제나 평안하였으니,

● 상화(上和)는 윗사람이 아랫사람에게 베푸는 온정이고 하목(下睦)은 아랫사람이 윗사람에게 공경의 예를 다하여 서로 소통하는 정의 화목이다.

### 84

夫 婦 婦 婦

집안 이곳저곳을 비로 쓸고 닦는 여자(女)는 대개 지어미나 며느리라는 의미의 글자이다.

| 大 - 4획 | 口 - 11획 | 女 - 11획 | 阝 - 16획 | 평가 |
|---|---|---|---|---|
| 夫 | 唱 | 婦 | 隨 | |
| 지아비 부 | 노래부를 창 | 지어미 부 | 따를 수 | |
| 一 二 夫 夫 | 口 叩 叩 唱 唱 唱 | 女 女 女' 女ョ 妒 婦 婦 | 阝 阝 阼 隋 隋 隨 隨 | |

**풀이** 부창부수 : 지아비(夫)가 집안의 가장으로 예로써 가솔들을 이끌고(唱) 지어미(婦)는 남편을 따르니(隨) 두루 식구가 화목하구나.

● 달리 표현하면 이 구(句)는 남편이 앞에서 선창(先唱)을 하면 부인은 존중하여 그것을 따른다는 것으로 남편의 주장을 아내가 따르는 부부 화합의 도리를 말함이다.

**운율(韻律)** 外受傅訓하고 入奉母儀하느니라.

## 85

訓

스승이나 부모님 말씀(言) 따라 물(川)흐르는 것처럼 좇아다니며 가르침을 받는다는 의미의 글자이다.

| 夕 - 5획 | 又 - 8획 | 人 - 12획 | 言 - 10획 | 평가 |
|---|---|---|---|---|
| 外 | 受 | 傅 | 訓 | |
| 바깥 외 | 받을 수 | 스승 부 | 가르칠 훈 | |
| ノクタ外外 | 亻亻亻亻傅傅 | | | |
| 爫爫爫受受 | 言言言訓訓 | | | |

**풀이** 외수부훈 : 자식(男)은 밖(外)에 나가 스승(傅)을 모시고 그 가르침(訓)을 받들어야 하고(受),

● 옛 중국에서는 사내가 10세가되면 집 밖으로 나가 스승의 가르침을 받는 등 세상의 물정 등을 익혔으며 여자 나이 10세가 되면 밖으로 나가지 않고 어머니를 스승처럼 여겨 집안일과 여자로서의 도리를 배웠다.

## 86

母

어미가 아이를 앉고 젖을 물리고 있는 어머니의 모습을 그린 글자이다.

| 入 - 2획 | 大 - 8획 | 母 - 5획 | 人 - 15획 | 평가 |
|---|---|---|---|---|
| 入 | 奉 | 母 | 儀 | |
| 들 입 | 받들 봉 | 어미 모 | 거동 의 | |
| ノ入 | | 乚𠃋𠃌母母 | | |
| 二三夫夫夫奉奉 | 亻亻亻儀儀儀 | | | |

**풀이** 입봉모의 : 여자 아이들은 집안(入)에서 어머니(母)를 모시고(奉) 여자로서의 법도(義)를 배우고 본받아야 하느니라.

● 여기서 의(儀)란 몸가짐, 또는 행동거지의 예의범절(禮儀凡節)을 말하는 것이고 입(入)은 집안을, 그리고 여자애 뿐만 아니라 모든 자식들을 일러 말하는 것으로 풀이 되어야 할 것이다.

**운율(韻律)**: 諸姑伯叔이니 猶子比兒하느니라.

## 87

諸姑伯叔

땅속의 땅콩들이 줄기의 가지에 달려 있고 그 곁가지에 달린 땅콩이 마치 아버지의 형제인 아저씨 같다는 의미의 글자이다.

| 言 - 16획 | 女 - 8획 | 人 - 7획 | 又 - 8획 | 평가 |
|---|---|---|---|---|
| 諸 | 姑 | 伯 | 叔 | |
| 모두 제 | 고모 고 | 맏 백 | 아재비 숙 | |
| 言計詰詩諸諸諸 | 〈 〈 女 女 妒 姑 姑 | ノ イ 亻 亻 伯 伯 伯 | 丨 上 上 朮 未 叔 叔 | |

**풀이** 제고백숙 : 큰아버지(伯)와 작은아버지(叔) 그리고 고모(姑)들은 모두(諸) 아버지의 형제분들이시니 공손함을 다해 모셔야 하며,

● 아버지의 형제 중 여자는 고모 남자는 큰아버지(伯) 그리고 작은아버지 또는 삼촌(叔)이라 부른다. 곧 아버지의 형제는 자신의 어머니요 아버지로 여겨야 한다는 뜻이다.

## 88

猶子比兒

사내 아이가 두 팔과 두 발을 흔들거리며 앙앙거리는 형상을 본뜬 글자이다.

| 犭 - 12획 | 子 - 3획 | 比 - 4획 | 儿 - 8획 | 평가 |
|---|---|---|---|---|
| 猶 | 子 | 比 | 兒 | |
| 오히려 유 | 아들 자 | 견줄 비 | 아이 아 | |
| 犭犷犷狁猶猶猶 | 丁了子 | 一 ㄅ 比 比 | 〈 〈 臼 臼 臼 兒 兒 | |

**풀이** 유자비아 : 형제들의 자식(子)들 또한 모두 나의 자식(兒)들과 같으니(比) 다름없이(猶) 사랑으로 대해야 하느니라.

● 예기(禮記)의 단궁편(檀弓篇)에 이르기를, 喪服兄弟之子猶子也 蓋引而近之也(상복형제지자유자야 개인이근지야)라 형제의 자식에게 상복을 입게하여 조카를 자기의 자식과 같이 하는 것은 조카를 가장 가까이 여김이니라.

## 운율(韻律) 孔懷兄弟는 同氣連枝이니라.

### 89

篆書: 孔懷兄弟 / 懷懷懷懷

마음(心) 속에 품은 뜻을 가슴 깊이 간직하고 내일을 위해 다짐하는 사람의 형상을 본뜬 글자이다.

| 子 - 4획 | 忄 - 19획 | 儿 - 5획 | 弓 - 7획 | 평 가 | |
|---|---|---|---|---|---|
| 孔 | 懷 | 兄 | 弟 | 孔懷兄弟 | |
| 구멍 공 | 품을 회 | 맏 형 | 아우 제 | 孔懷兄弟 | |
| ㄱ 了 子 孔 | | 丨 口 尸 兄 | | | |
| 忄 忄 怀 怀 懷 懷 懷 | | 丶 丷 쓰 乌 弟 弟 | | | |

**풀이** 공회형제 : 형제자매(兄弟)간에 생각하는(懷) 그 정이 깊은 것(孔)은,

● 여기서 형제(兄弟)라 함은 형과 아우에 국한할 필요는 없다. 형제자매의 동기간을 저자는 말하려 했을 것이다. 아울러 우리는 4자구의 제한성으로 감추어진 의미를 캐서 풀이해야 할 것이다.

### 90

篆書: 氣氣氣氣

쌀(米)을 솥에 넣고 밥을 지을 때 불(米)의 열기로 김이 모락모락 나는 형상을 본뜬 글자이다.(火와 米가 겹침)

| 口 - 6획 | 气 - 10획 | 辶 - 11획 | 木 - 8획 | 평 가 | |
|---|---|---|---|---|---|
| 同 | 氣 | 連 | 枝 | 同氣連枝 | |
| 한가지 동 | 기운 기 | 이을 련 | 가지 지 | 同氣連枝 | |
| 丨 冂 冂 同 同 同 | | 亓 百 亘 車 車 連 連 | | | |
| 一 二 气 气 氧 氣 氣 | | 十 才 木 木 枋 枝 | | | |

**풀이** 동기연지 : 동기간(同氣)이 한 뿌리에서 이어진(連) 가지(枝)이기 때문이니라.

● 한(韓)나라 때 소무(蘇武)의 시(詩)에 동기간(同氣間)을 이렇게 표현하고 있다. 骨肉緣枝葉 結交亦相因(골육연지엽 결교역상인)이라 골육의 인연은 가지와 잎새로 맺어졌네, 이 세상에 맺어짐은 서로간의 인연일세.

**운율(韻律)** 交友投分하고 切磨箴規하느니라.

## 91

篆: 交友

한 사람의 왼손(ナ)과 다른 사람의 오른쪽 손(又)을 맞잡거나 왼쪽 손을 얹는 절친한 벗의 형상을 본뜬 글자이다.

| 亠-6획 | 又-4획 | 扌-7획 | 刀-4획 | 평가 |
|---|---|---|---|---|
| 交 | 友 | 投 | 分 | |
| 사귈 교 | 벗 우 | 던질 투 | 나눌 분 | |
| 亠亠六亣交 | 一ナ方友 | 一十扌扌投投投 | 丿八分分 | |

**풀이** 교우투분 : 벗(友)을 사귐(交)에는 서로의 믿음 속에서 신분(分)의 귀천을 벗어나(投) 의기투합해야 하며,

● 붕(朋)은 동문수학(同門修學)을 함께 한 벗을 말하며 위의 우(友)는 앞의 의미를 포함한 뜻을 함께하여 만난 벗을 말한다.

## 92

篆: 切磨

언덕 아래 돌바닥(石)에 삼(麻)의 껍질을 벗겨 실을 만들기 위해 갈아 문지르는 형상을 본뜬 글자이다.

| 刀-4획 | 石-16획 | 竹-15획 | 見-11획 | 평가 |
|---|---|---|---|---|
| 切 | 磨 | 箴 | 規 | |
| 끊을 절 | 갈 마 | 경계할 잠 | 법 규 | |
| 一七切切 | 亠广庁麻麻磨磨 | 竹竹竹筘筘箴箴 | 夫 刦 邞 規 規 規 | |

**풀이** 절마잠규 : 모든(切) 정성을 다해 인격도야에 학문과 재능을 갈고(磨) 닦으며 잘못되어 감이 있으면 서로 일러주고(箴) 바로잡아(規) 주어야 하느니라.

● 이 구(句)는 학문이나 덕행을 닦는 절차탁마(切磋琢磨)와 충언역이(忠言逆耳)할지라도 친구끼리 책선(責善)을 해야 한다는 내용이다.

## 운율(韻律): 仁慈隱惻하고 造次弗離하느니라.

### 93

慈

초목(艸)이 무성하듯 끝없는(玆) 어미의 마음(心)이 인자하다는 의미의 글자이다.

| 人 - 4획 | 心 - 13획 | 阝- 17획 | 忄- 12획 | 평가 |
|---|---|---|---|---|
| 仁 | 慈 | 隱 | 惻 | |
| 어질 인 | 사랑 자 | 숨을 은 | 슬플 측 | |
| ノ 亻 仁 仁 | 亠 亡 玄 玆 慈 慈 | 阝 阝 隚 隱 隱 隱 | 丨 忄 忄 惧 惧 惻 | |

**풀이** 인자은측 : 인품이 있는 군자라면 늘 인자(仁慈)하고 다른 사람들을 측은(惻)히 여기는 마음이 있어야(隱) 하고,

● 측(惻)은 사단(四端)의 하나로 측은지심(惻隱之心) 곧 여기서는 마음을 말하나 그것 뿐만 아니라 남을 이해하고 배려하는 어진 마음을 말한다.

### 94

離

늦가을이 되면 정든 둥지를 떠나 남쪽으로 가는 새의 형상을 본뜬 글자이다.

| 辶 - 11획 | 欠 - 6획 | 弓 - 5획 | 隹 - 19획 | 평가 |
|---|---|---|---|---|
| 造 | 次 | 弗 | 離 | |
| 지을 조 | 버금 차 | 아니 불 | 떠날 리 | |
| 丷 牛 告 告 告 造 造 | 一 冫 冫 次 次 | 一 コ 弓 弗 弗 | 古 高 高 离 離 離 離 | |

**풀이** 조차불리 : 잠시(造次)라도 이같은 마음이 뇌리를 떠나서는(離) 아니되느니라(弗).

● 위에서 언급한 사단(四端)은 인간의 본성의 네 가지 마음씨를 말함인데 측은지심을 비롯하여 수오지심(羞惡之心), 사양지심(辭讓之心), 시비지심(是非之心)이 곧 그것이다.

**운율(韻律):** 節義廉退하며 顚沛匪虧하느니라.

## 95

곧게 뻗은(卽) 대(竹)의 마디마디 사이에 대의 입들이 달려 있는 형상을 본뜬 글자이다.

| 竹 - 15획 | 羊 - 13획 | 广 - 13획 | 辶 - 10획 | 평가 | |
|---|---|---|---|---|---|
| 節 | 義 | 廉 | 退 | 節 義 廉 退 | |
| 마디 절 | 옳을 의 | 청렴할 렴 | 물러날 퇴 | | |
| ⺮⺮竹竹竿節節 | ⺷⺷羊羊義義 | 广广产庐庐廉廉 | ㄱㅋㅌㅌ艮艮退退 | | |

**풀이** 절의염퇴 : 군자는 항상 절개(節)와 의리(義)로써 법도와 예의에 어긋남이 없어야 하고 청렴(廉)하게 사양하여 물러설(退) 줄도 알아야 하느니,

● 앞서 말한 사단(四端)의 하나로 퇴(退)는 사양지심(辭讓之心)을 말한다. 맹자(孟子)의 공손추편(公孫丑篇)에 이르는 말이 있다. (아래 부연설명을 참조)

## 96

참 정신(眞)을 일러주는 신선 앞에 머리(頁)의 정수리가 보일 만큼 엎드린 사람의 형상을 본뜬 글자이다.

| 頁 - 19획 | 氵 - 7획 | 匚 - 10획 | 扌 - 17획 | 평가 | |
|---|---|---|---|---|---|
| 顚 | 沛 | 匪 | 虧 | 顚 沛 匪 虧 | |
| 넘어질 전 | 자빠질 패 | 아닐 비 | 이즈러질 휴 | | |
| ⺧旨直眞顚顚顚 | 丶丶氵氵氵沛沛 | 一匚匚厞匪匪 | 广虍虍虗虧虧虧 | | |

**풀이** 전패비휴 : 이것은 엎어지고(顚) 자빠지는(沛) 순간일지라도 잊거나 흐트러져서는(虧) 아니(匪) 될 것이니라. ● 惻隱之心 仁之端也, 羞惡之心 義之端也, 辭讓之心 禮之端也, 是非之心 智之端也(측은지심 인지단야, 수오지심 의지단야, 사양지심 예지단야, 시비지심 지지단야)라, 곧 측은히 여기는 마음은 인자한 마음의 시작이고, 부끄럽게 여기는 마음은 바른 마음의 시작이며, 사양하는 마음은 예의 시작이고, 옳고 그름을 가릴 줄 아는 마음은 지혜로움의 시작이다.

# 운율(韻律) 性靜情逸하지만 心動神疲하느니라.

## 97

性 靜 情 逸

| 忄 - 8획 | 靑 - 16획 | 忄 - 11획 | 辶 - 12획 | 평가 |

| 성품 성 | 고요할 정 | 뜻 정 | 편안할 일 |

一 忄 忄 忄 忄 性 性
靑 靑 靑 靜 靜 靜 靜
忄 忄 忄 忄 情 情 情
ク ク ク 争 免 逸 逸

고결한 마음(心)과 언제나 변함없는 푸른(靑) 마음을 가진 사람이 정과 뜻이 깊은 사람이라는 의미의 글자이다.

**풀이** 성정정일 : 사람의 타고난 본성처럼 성품(性)이 고요하면(靜) 감정(情)도 편안(逸)해 지지만,

● 맹자(孟子)의 설로 인간의 본성은 선천적으로 태어날 때부터 선하다는 성선설(性善說)을 주장했고 순자(荀子)는 인간의 본성은 본디부터 악하다고 하는 성악설(性惡說)을 주장했다.

## 98

心 動 神 疲

| 心 - 4획 | 力 - 11획 | 示 - 10획 | 疒 - 10획 | 평가 |

| 마음 심 | 움직일 동 | 귀신 신 | 고달플 피 |

丶 心 心 心
千 千 示 示 和 神 神
二 台 台 重 重 動 動
广 广 疒 疒 疒 疒 疲

사람 가슴 속의 심장을 그린 글자로 마음으로부터 온갖 생각들이 생성되는 것이 심장이라는 의미의 글자이다.

**풀이** 심동신피 : 욕망에 못이겨 마음(心)이 움직이면(動) 그 몸도 정신(神)까지도 피곤(疲)해 질 수 밖에 없느니라.

● 법구경(法句經)에 이르기를 心念放逸者 見淫以爲淨 恩愛意盛增 從是造獄牢(심념방일자 견음이위정 은애의성증 종시조옥뢰)라 마음이 어지러워 즐거움만 차며, 음욕을 보고 깨끗하다 생각하면 욕정이 날로 자라고 더하나니 스스로 제 몸을 감옥으로 만든다고 말한다.

**운율(韻律)**: 守眞志滿하지만 逐物意移되느니라.

## 99

守眞志滿

| 宀 - 6획 | 目 - 10획 | 心 - 7획 | 氵- 14획 |
|---|---|---|---|
| 守 지킬 수 | 眞 참 진 | 志 뜻 지 | 滿 찰 만 |
| 丶丶宀宀守守 | 一匕旨旨直眞 | 一十士志志志 | 氵汁满满满满满 |

선비가 앞에 나아가(士=之의 변형) 가슴 속의 마음(心) 내보이듯 자기의 뜻을 밝히는 형상을 본뜬 글자이다.

**풀이** 수진지만 : 하늘이 주신 천성따라 참(眞)됨을 지키면(守) 올바른 뜻(志)들로 충만(滿)하여 절로 평안하겠지만,

● 논어(論語)의 양화편(陽貨篇)에 이르기를, 性相近也 習相遠也(성상근야 습상원야)라 사람의 천성은 서로 비슷하나 습성으로 서로가 차이가 생긴다 했다.

## 100

逐物意移

| 辶 - 11획 | 牛 - 8획 | 心 - 13획 | 禾 - 11획 |
|---|---|---|---|
| 逐 쫓을 축 | 物 만물 물 | 意 뜻 의 | 移 옮길 이 |
| 丁豕豕豕逐逐 | 丶牛牜物物物 | 丶立音音意意 | 二千禾移移移 |

농가에서는 만물 중 없어서는 안될(勿) 것이 있다면 소(牛)라는 의미의 글자이다.

**풀이** 축물의이 : 사람이 물욕(物)을 쫓게(逐) 되면 바른 생각들(意)까지 바쁘게 옮겨(移) 다녀 늘 곤핍하게 되고 종국에는 욕됨에 이르게 되느니라.

● 순자(荀子)의 권학편(勸學篇)에 이르기를, 蓬生麻中不扶而直 白沙在涅與之俱黑(봉생마중불부이직 백사재열여지구흑)이라 사람은 선천적으로 선인과 악인의 구별이 있는 것이 아니라 다만 습관에 따라 달라질 뿐이다 했다.

## 운율(韻律): 堅持雅操이면 好爵自縻 하느니라.

### 101

堅持雅操

| 土 - 11획 | 扌 - 9획 | 隹 - 12획 | 扌 - 16획 |
|---|---|---|---|
| 堅 | 持 | 雅 | 操 |
| 굳을 견 | 가질 지 | 아담할 아 | 지조 조 |
| ㄱ 丨 臣 臥 取 堅 堅 | 扌 扩 扩 扩 持 持 | 牙 邪 邪 雅 雅 雅 雅 | 扌 扩 押 押 押 操 操 |

대장기 위의 상아(牙) 장식이 아담한 것처럼 맑은 하늘을 까마귀가 휘젓듯 나는 형상을 본뜬 글자이다.

**풀이** 견지아조 : 사람이 물욕없이 아담하게(雅) 지조(操)를 굳은(堅) 심지로 지키면(持),

● 여기서 아조(雅操)란 바른 절개, 바른 지조라는 뜻으로 勁松彰於歲寒(경송창어세한)이라 찬바람이 불고 흰 눈이 날리는 한겨울에 이르러 비로소 소나무의 지조가 돋보인다고 이르고 있다.

### 102

好爵自縻

| 女 - 6획 | 爪 - 18획 | 自 - 6획 | 糸 - 17획 |
|---|---|---|---|
| 好 | 爵 | 自 | 縻 |
| 좋을 호 | 벼슬 작 | 스스로 자 | 얽을 미 |
| ㄣ ㄣ 女 女 好 好 | 一 ㅛ 罒 爫 爭 爵 爵 | ノ 亻 白 白 自 自 | 亠 广 庐 庐 麻 麽 縻 |

어미(女)가 아들(子)을 안고 있어 너무 좋아하는 모정의 형상을 본뜬 글자이다.

**풀이** 호작자미 : 좋은(好) 벼슬(爵)을 탐하지 않아도 저절로(自) 속됨이 없이 얽어(縻) 들어오게 되느니라.

● 논어(論語)의 자한편(子罕篇)에 보면 이 절구와 반대의 의미로 경계하는 말이 있다. 苗而不秀者有矣夫 秀而不實者有矣夫(묘이불수자유의부 수이불실자유의부)라 꽃 피지 못하는 싹이 있고, 열매 맺지 못하는 꽃이 있다.

**운율(韻律)** 都邑華夏는 東西二京이었느니라.

## 103

| 阝 - 12획 | 邑 - 7획 | 艹 - 12획 | 夂 - 10획 | 평가 |
|---|---|---|---|---|
| 都 | 邑 | 華 | 夏 | |
| 도읍 도 | 고을 읍 | 빛날 화 | 여름 하 | |
| 一 + 耂 耂 者 者 都 都 | 丨 口 口 吕 吕 邑 | 艹 艹 艹 苎 莖 華 | 一 丆 丆 百 百 頁 夏 夏 | |

**전서:** 여름 날씨는 너무 더워서 사람들이 머리(頁)를 숙여 다리를 걷고 있는 형상을 그린 글자이다.

**풀이** 도읍화하 : 옛 중국(華夏) 황제가 살던 도읍(都邑)지로는,

● 화하(華夏)란 중국인들 스스로 자기들 나라를 높여 화하라 했으며 한(漢)나라 때는 타민족을 야만시하고 자기네 나라가 세계에서 가장 문명한 나라이며 세계의 중심이 곧 중국이다하여 중화론(中華論) 또는 중화사상을 주창했는데 그 사상이 오늘에까지 이른다.

## 104

| 木 - 8획 | 西 - 6획 | 二 - 2획 | 亠 - 8획 | 평가 |
|---|---|---|---|---|
| 東 | 西 | 二 | 京 | |
| 동녘 동 | 서녘 서 | 두 이 | 서울 경 | |
| 一 丆 目 車 東 東 | 一 丆 丙 西 西 | 一 二 | 一 亠 古 古 京 京 | |

**전서:** 동쪽의 숲에서 나무(木)를 타고 오르는듯 해(日)가 솟는 형상을 본뜬 글자이다.

**풀이** 동서이경 : 동쪽(東)의 동경(洛陽)과 서쪽(西)의 서경(長安) 이 두 서울(二京)이 있었느니라.

● 동서 두 곳을 도읍으로 삼았던 당시 오행설(五行說)에 입각(立脚)하여 동(東)은 오행에서 목덕(木德)이고 청색을 의미하여 청룡(靑龍)을 이르며, 서(西)는 오행에서 금덕(金德)이고 백색을 의미하여 백호(白虎)라 이르는 것이다.

## 58 천자문

**운율(韻律)** 背邙面洛이고 浮渭據涇이었느니라.

### 105

| 月-9획 | 阝-6획 | 面-9획 | 氵-9획 | 평가 |
|---|---|---|---|---|
| 背 | 邙 | 面 | 洛 | |
| 등 배 | 뫼 망 | 낯 면 | 낙수 락 | |
| 丨丄丬北背背背 | | 一厂币而面面 | | |
| 丶亠亡亡邙邙 | | 氵氵汐汐洛洛洛 | | |

두 사람이 등을 지고(北) 몸(月)이 떨어지는 배신의 형상을 본뜬 글자이다.

**풀이** 배망면락 : 동경인 낙양(洛陽)은 북망산(邙)을 뒤에(背) 두고 앞으로는(面) 낙수(洛)가 흐르고 이었으며,

● 북망산(北邙山)은 한(漢)나라 이후 역대 왕과 명사 등의 무덤이 많기로 유명한 곳으로 이때부터 사람이 죽으면 북망산 황천길로 갔다고 입에 오르내렸던 것이다.

### 106

| 氵-10획 | 氵-12획 | 扌-16획 | 氵-10획 | 평가 |
|---|---|---|---|---|
| 浮 | 渭 | 據 | 涇 | |
| 뜰 부 | 위수 위 | 의거할 거 | 경수 경 | |
| 氵氵浮浮浮浮浮 | | 扌扩扩扩护据據據 | | |
| 氵氵沪沪渭渭渭 | | 氵氵汈汈涇涇涇 | | |

물(水)에 종자(子)를 넣고 건실하지 못한 종자가 뜨게 되는데 그것을 손톱(爪)으로 건져내는 형상을 본뜬 글자이다.

**풀이** 부위거경 : 서경인 장안(長安)은 경수(涇)로부터 흘러오는(據) 물이 위수(渭)에 이르고 그 위수로 둘러 있어 장안은 마치 물에 떠있는(浮) 도읍같았었느니라.

● 동경을 도읍으로 삼았던 나라로는 동주(東周), 후한(後漢), 진(晋), 수(隋), 후당(後唐) 등이 있고 서경인 장안을 도읍으로 삼았던 나라로 서주(西周), 전한(前漢), 당(唐) 등이 있다.

**운율(韻律)**: 宮殿盤鬱이니 樓觀飛驚이었느니라.

## 107 宮

| 宀 - 10획 | 几 - 13획 | 皿 - 15획 | 木 - 29획 | 평가 | | | | |
|---|---|---|---|---|---|---|---|---|
| 宮 | 殿 | 盤 | 鬱 | | 宮 | 殿 | 盤 | 鬱 |
| 궁궐 궁 | 대궐 전 | 서릴 반 | 빽빽할 울 | | 宮 | 殿 | 盤 | 鬱 |
| 宀宀宁宁宁宮宮 | 几月月殷殷盤盤 | | | | | | | |
| 尸尸屍屍殿殿 | 木柑槲槲鬱鬱鬱 | | | | | | | |

크고 작은 집(宀)들이 궁형으로 이어져 있는 궁성 안(呂)의 형상을 본뜬 글자이다.

**풀이** 궁전반울 : 이 두 도읍지로써의 기반(盤) 위에 하려한 궁전(宮殿)들로 웅장했고 공경대부들의 집들로 빽빽히(鬱) 들어서 있었으니,

● 여기서의 궁전(宮殿)은 임금이 기거하는 집의 의미로 궁(宮)이고 임금이 나랏일을 보는 여러 전각들을 전(殿)이라 하는데 합성하여 임금이 거처하고 정사를 펴는 궁성이란 말이 된다.

## 108 觀

| 木 - 15획 | 見 - 25획 | 飛 - 9획 | 馬 - 23획 | 평가 | | | | |
|---|---|---|---|---|---|---|---|---|
| 樓 | 觀 | 飛 | 驚 | | 樓 | 觀 | 飛 | 驚 |
| 다락 루 | 볼 관 | 날 비 | 놀랄 경 | | 樓 | 觀 | 飛 | 驚 |
| 木朴杙柑樺樓 | 飞飞飞飛飛飛 | | | | | | | |
| 萑萑雚觀觀觀 | 苟苟敬敬警驚驚 | | | | | | | |

황새가 주위를 돌며 먹이를 찾기 위해 주변을 살피는(見) 형상을 본뜬 글자이다.

**풀이** 누관비경 : 높은 누각(樓)들과 하늘을 찌르는(飛) 듯한 관대(觀)들이 놀랍고(驚) 경탄스러웠었느니라.

● 이 절구(節句)는 화려하고 번화한 궁성을 외부(外部)에서 그 장관을 표현한 것이다.

## 운율(韻律) 圖寫禽獸하고 畫綵仙靈있었느니라.

### 109

| 口 - 14획 | 宀 - 15획 | 内 - 13획 | 犬 - 19획 |
|---|---|---|---|
| 圖 | 寫 | 禽 | 獸 |
| 그림 도 | 베낄 사 | 새 금 | 짐승 수 |
| 冂冂罔周周圖圖 | 宀宀宀宁宁寫寫 | 人今今仐仐禽禽 | 罒罒罒罘罘獸獸 |

둥지(宀) 주변을 까치가 이곳 저곳 절구찧듯 나는 모양이 하늘에 그림을 베끼는 것같다라는 의미의 글자이다.

**풀이** 도사금수 : 궁전의 이곳저곳 전각들에는 각종 새(禽)나 짐승(獸)들의 모습이 그려져(圖) 있었고,

● 여기서 도사(圖寫)는 청룡, 백호, 봉황 따위의 짐승들을 벽 등에 활기차게 그렸다는 의미의 말이다,

### 110

| 田 - 13획 | 糸 - 14획 | 人 - 5획 | 雨 - 24획 |
|---|---|---|---|
| 畫 | 綵 | 仙 | 靈 |
| 그림 화 | 채색 채 | 신선 선 | 신령 령 |
| 一ㄱ聿書書畫畫 | ノイ仙仙仙 | |  |
| 糸糸糸綵綵綵綵 | 一雨雨靈霏霏靈 | | |

가뭄에 비(雨)가 오도록 무당(巫)이 주문(口)을 외고 외어 신령에게 기원하는 형상을 본뜬 글자이다.

**풀이** 화채선령 : 여러 신선(仙)들과 신령(靈)스러운 배경들이 화려한 모습들로 채색(綵)되어 그려져(畫) 있었느니라.

● 화채(畫綵)란 신선, 신령스러운 것들을 흰 비단 등에 채색하여 그린 것들을 이곳 저곳 여러 곳에 치장하여 화려함을 더해 주었다는 의미의 말이다.

## 운율(韻律): 丙舍傍啓하고 甲帳對楹하였느니라.

### 111

丙舍傍啓

| 一 - 5획 | 舌 - 8획 | 人 - 12획 | 口 - 11획 | 평가 |
|---|---|---|---|---|
| 丙 | 舍 | 傍 | 啓 | |
| 남녘 병 | 집 사 | 곁 방 | 열 계 | |
| 一丆丙丙 | | 亻伃伃伃傍傍 | | |
| 人亼仒全全舍舍舍 | | 丶尸尸产啟啓啓 | | |

啓: 대문(戶) 열리듯 일깨워 주기 위하여 회초리(攴)로 훈계(口) 하는 형상을 본 뜬 글자이다.

**풀이** 병사방계 : 신하들이 집무를 보는 병사(丙舍)는 임금이 계시는 정전(正殿) 곁에 (傍) 있어 임금이 부르면 곧 갈 수 있게 문이 열려(啓) 있었고,

● 병사(丙舍)는 임금이 계시는 곳의 전각(殿閣) 좌우에 있는 곳으로 신하들이 임금 가까이에서 집무를 보면서 머무는 곳을 말함.

### 112

甲帳對楹

| 田 - 5획 | 巾 - 11획 | 寸 - 14획 | 木 - 13획 | 평가 |
|---|---|---|---|---|
| 甲 | 帳 | 對 | 楹 | |
| 갑옷 갑 | 휘장 장 | 대할 대 | 기둥 영 | |
| 丨冂日目甲 | | 丷业业业丵對對 | | |
| 冂巾忄怅怅帳帳 | | 木木朽栩栩楹楹 | | |

對: 손님을 맞기 위해 등불을 들고 두 사람이 예법(寸)에 맞게 서로 마주 보고 묻고 대답하는 형상을 본뜬 글자이다.

**풀이** 갑장대영 : 여러 전각의 마주보고(對) 있는 두 기둥(楹) 사이에는 각종 보석들로 치장한 갑장(甲帳 - 휘장)들이 그 화려함을 더 했느니라.

● 갑장(甲帳)은 유리, 주옥, 명월주, 야광주 등 여러 진귀한 보석들로 장식하여 만든 휘장으로 주로 신전(神殿)에 둘러쳤고 어전은 을장(乙帳)으로 했다 한다.

## 운율(韻律) 肆筵設席하고 鼓瑟吹笙하였느니라.

### 113

| 聿 - 13획 | 竹 - 13획 | 言 - 11획 | 巾 - 10획 | 평가 | | |
|---|---|---|---|---|---|---|
| 肆 | 筵 | 設 | 席 | 肆 | 筵 | 設 | 席 |
| 베풀 사 | 자리 연 | 베풀 설 | 자리 석 | | | | |
| 镸镸镸肂肂肆 | ⺮⺮竺竺筵筵筵 | 宀言言設設設 | 亠广户产庐席席 | 肆 | 筵 | 設 | 席 |

집을 지을 때 일꾼(殳=役)들에게 위로의 말(言)과 음식을 차려 베푸는 형상을 본뜬 글자이다.

**풀이** 사연설석 : 궁중 앞마당에서는 연회잔치를 벌여(肆) 돗자리(筵)를 깔아 신하들의 품계에 따라 자리(席)를 배치하여(設) 앉게 하였고,

● 연(筵)은 대나무 등으로 가공하여 엮어 만든 돗자리로 그 연 위에는 석(席)을 깔았다. 임금이 즉위하는 날의 화려한 의식과 연회를 준비하는 모습이다.

### 114

| 支 - 14획 | 王 - 13획 | 口 - 7획 | 竹 - 11획 | 평가 | | | |
|---|---|---|---|---|---|---|---|
| 鼓 | 瑟 | 吹 | 笙 | 鼓 | 瑟 | 吹 | 笙 |
| 북 고 | 비파 슬 | 불 취 | 생황 생 | | | | |
| 士吉吉壴壴鼓鼓 | 王王珏琴瑟瑟瑟 | 丨口口叭叭吹 | 丿⺮⺮竺笁笙 | 鼓 | 瑟 | 吹 | 笙 |

입(口)으로 하품(欠)하듯 숨을 몰아 무엇 불어서 날리는 형상을 본뜬 글자이다.

**풀이** 고슬취생 : 여러 악사들은 비파(瑟)를 타고 북(鼓)을 치며 생황(笙) 등을 불어(吹) 잔치 분위기를 무르익게 하였느니라.

● 생황(笙簧)은 중국 상고시대(上古時代) 때 여와씨가 만들었다는 피리 종류의 악기이고, 슬(瑟)은 거문고와 비슷한 비파라는 악기로 25줄로 된 현악기이다.

**운율(韻律)** 陞階納陛인데 弁轉疑星하였느니라.

## 115

陞階納陛

| 阝 - 10획 | 阝 - 12획 | 糸 - 10획 | 阝 - 10획 | 평가 |
|---|---|---|---|---|
| 陞 | 階 | 納 | 陛 | |
| 오를 승 | 섬돌 계 | 들일 납 | 섬돌 폐 | |

언덕(또는 병부 = 阝) 아래 여러 개를 모두(皆) 평평한 돌계단으로 층계난 섬돌의 형상을 본뜬 글자이다.

**풀이** 승계납폐 : 조정의 문무백관들이 품계(階)에 따라 올라가(陞) 임금 앞에 다달아서(陛) 하례를 드리는데(納),

● 폐(陛)는 신분이 높은 고관대작(高官大爵)들이 층계가 없이 비스듬히 오를 수 있는 단이고 계(階)는 다소 신분이 낮은 신하들이 오르는 아홉 단의 계단을 말한다.

## 116

弁轉疑星

| 廾 - 5획 | 車 - 18획 | 疋 - 14획 | 日 - 9획 | 평가 |
|---|---|---|---|---|
| 弁 | 轉 | 疑 | 星 | |
| 고깔 변 | 구를 전 | 의심할 의 | 별 성 | |

새싹이 땅에서 돋아나듯(生) 밤 하늘에 별(日)들이 하나 둘 나타나 빛나고 있는 형상을 본뜬 글자이다.

**풀이** 변전의성 : 머리를 조아릴 때마다 관모(弁)에 달린 구슬 장식들이 반짝거려(轉) 마치 별(星)인양(疑) 화려했었느니라.

● 변(弁)은 나라의 행사 때 주로 쓰는 관(冠)을 말하는 것으로 의성(疑星) 곧 별이라 의심할 만큼 진귀한 보석이나 구슬들로 장식한 화려한 관을 말한다.

## 운율(韻律): 右通廣內하고 左達承明하였느니라.

### 117

右 - 오른쪽 우 (口 - 5획)
通 - 통할 통 (辶 - 11획)
廣 - 넓을 광 (广 - 15획)
內 - 안 내 (入 - 4획)

一ナ右右右
⺄ 乃 肙 甬 涌 通 通
广 广 产 席 席 廣 廣
丨 冂 冈 內

사람이 오른쪽 손으로 어디를 가리키며 말(口) 하는 것이 사람을 부리는 듯한 형상을 본뜬 글자이다.

**풀이** 우통광내 : 궁중의 오른쪽(右)으로는 귀중한 서책들 보관하는 광내전(廣內)으로 통(通)해 있고,

● 우(右)는 방위로는 서쪽을 말하며 광내란 나라의 진귀한 서책들을 보관하는 서고(書庫)로 광내전(廣內殿)을 말한다.

### 118

左 - 왼 좌 (工 - 5획)
達 - 통달할 달 (辶 - 13획)
承 - 이을 승 (手 - 8획)
明 - 밝을 명 (日 - 8획)

一ナ左左左
土 吉 幸 幸 達 達 達
⺄ 了 丞 丞 承 承
丨 冂 日 明 明 明

왼쪽 손에 공구(工)를 잡고 있고 다른 손으로 치거나 교정할 수 있는 현상을 본뜬 글자이다.

**풀이** 좌달승명 : 왼쪽(左)으로는 사기 등을 편찬하는 승명려(承明)에 닿아(達) 있었느니라.

● 좌(左)는 방위로는 동쪽을 말하며 승명이란 역사의 기록 곧 사기(史記) 등을 편찬하는 집무실을 말하는 것으로 승명려(承明廬)를 이르는 말이다.

## 운율(韻律): 旣集墳典하고 亦聚群英 있었느니라.

### 119

| 无 - 11획 | 隹 - 12획 | 土 - 15획 | 八 - 8획 | 평가 |
|---|---|---|---|---|
| 旣 | 集 | 墳 | 典 | |
| 이미 기 | 모을 집 | 무덤 분 | 법 전 | |
| 白自自皀皀旣旣 | 亻亻什佳隹集集 | 土圵圠垆垍墳墳 | 冂巾曲曲曲典典 | |

여러 마리의 새(隹)들이 무성한 나뭇가지(木)에 떼지어 모여 있는 형상을 본뜬 글자이다.

**풀이** 기집분전 : 광내전에는 이미(旣) 삼분오전(墳典)과 여러 진귀한 서책들을 모아서(集) 보관하고 있었고,

● 삼분(三墳)은 고대 제왕인 삼황(三皇) 곧 복희씨, 여와씨, 신농씨의 전설적인 이야기를 기록한 책을 말하며 오전(五典)은 오제(五帝) 곧 황제(黃帝), 전욱, 제곡, 요 임금, 순 임금의 신화적인 이야기를 기록한 책이다.

### 120

| 亠 - 2획 | 耳 - 14획 | 羊 - 13획 | 艸 - 9획 | 평가 |
|---|---|---|---|---|
| 亦 | 聚 | 群 | 英 | |
| 또 역 | 모을 취 | 무리 군 | 꽃부리 영 | |
| 丶亠广亣亦亦 | 尹君君'君'群群群 | | | |
| 耳取取聚聚聚 | | ㇐ ㇐ 艹 苎 苎 英英 | | |

양(羊) 떼의 무리에도 나름대로의 우두머리(君)가 있다는 의미의 글자이다.

**풀이** 역취군영 : 그 외에도(亦) 여러 영웅(群雄) 재사들의 활약을 담은 책과 옛 현인들이 남긴 유적(책)들도 모두 구비해(聚) 놓고 있었었느니라.

● 여기서 군(群)은 군웅(群雄) 곧 여러 영웅(英雄)을 의미한 것이고 영(英)은 탁월한 재기로 백성들을 평안케 했던 영재(英才)들을 포함한 말이다.

**운율(韻律)** 杜藁鍾隷하며 漆書壁經도 있었느니라.

## 121

鍾鍾鍾鍾

쇠붙이(金)를 녹여 만든 종을 위에 매달려는데 그 무게가 무겁다(重)는 의미의 글자이다.

| 木 - 7획 | 艸 - 18획 | 金 - 17획 | 隷 - 16획 | 평가 | |
|---|---|---|---|---|---|
| 杜 | 藁 | 鍾 | 隷 | | |
| 막을 두 | 짚 고 | 쇠북 종 | 글씨 례 | | |
| 一十才木 朴杜 | 艹艹苩莒萬萬藁 | 金釒鉅鈩鈩鍾鍾 | 隶秉耒耒耒耒隷隷 | | |

**풀이** 두고종례 : 그것들 중에는 초서(草書)를 잘 썼다는 후한(後漢) 때의 두백도(杜)가 남긴 사초(藁)도 있었고 예서(隷)를 잘 썼다하는 위(魏)나라 때의 종요(鍾)의 글도 있었으며,

● 두(杜)는 두조(杜操)를 말함이고 종(鍾)은 종요(鍾繇)를 말함이다.

## 122

書書書書

붓(聿)으로 성인의 말씀(曰) 등을 글로써 쓸 수 있어 후대에 전할 수 있다는 의미의 글자이다.

| 氵- 14획 | 日 - 10획 | 土 - 16획 | 糸 - 13획 | 평가 | |
|---|---|---|---|---|---|
| 漆 | 書 | 壁 | 經 | | |
| 옻칠 칠 | 글 서 | 벽 벽 | 경서 경 | | |
| 氵浐洡漆漆漆漆 | ⁊⁊⁊⁊⁊⁊⁊⁊⁊⁊ | ⁊尸月居辟壁壁 | 幺糸經經經經經 | | |
| 一コ⺕⺕書書書 | | | | | |

**풀이** 칠서벽경 : 그리고 대쪽에 글(書)을 써서 옻칠(漆)을 한 여러 경서(經)들이 공자의 사가와 벽(壁)을 헐 때 발견된 벽경(壁經)도 있었느니라.

● 칠서벽경은 오래 전 진(秦)의 시황제 때 분시서갱유생(焚詩書坑儒生) 곧 민간의 서적을 불사르고 유생들을 묻어 죽였던 시기 焚書坑儒(분서갱유)의 재난을 피하고자 공자의 9세손 공부가 집안 벽 속에 감춘 책을 말한다.

## 운율(韻律): 府羅將相하고 路俠槐卿하였느니라.

### 123

樂槐相相

사람들이 나무(木)에 올라가 서로 멀리 바라보기(目)에 애쓰는 형상을 본뜬 글자이다.

| 广 - 8획 | 罒 - 19획 | 寸 - 11획 | 目 - 9획 | 평가 |
|---|---|---|---|---|
| 府 | 羅 | 將 | 相 | |
| 마을 부 | 벌릴 라 | 장수 장 | 서로 상 | |
| 亠广广广府府府 | | 丬丬爿爿將將將 | | |
| 罒罒罒罒罒羅羅 | | 十才木朴相相相 | | |

**풀이** 부라장상 : 나라의 관부(府)마다 현명한 재상(相)들과 용맹스런 장수(將)들이 제가끔 자리를(羅) 하고 있었고,

● 부라(府羅)는 나라의 여러 관청마다 여러 관리들이 제가끔 자리를 차지하고 나랏일을 보는 위의(威儀)가 있는 모습을 함축한 말이다.

### 124

㗂路路路

사람은 각기(各) 자기가 말하고픈 (口) 곳이나 무엇을 원하는 곳으로 가서 발(足)을 멈출(止) 수 있다는 의미를 그린 글자이다.

| 足 - 13획 | 人 - 9획 | 木 - 14획 | 卩 - 12획 | 평가 |
|---|---|---|---|---|
| 路 | 俠 | 槐 | 卿 | |
| 길 로 | 낄 협 | 회화나무 괴 | 벼슬 경 | |
| 呈昆跱跱路路路 | | 木朴朴柯槐槐槐 | | |
| 亻亻ᅮ㐆㐆俠俠 | | 乞乡乡卵卿卿卿 | | |

**풀이** 노협괴경 : 삼정승(槐)과 공경대부(卿)들의 저택들이 길(路) 양편으로 끼어(俠) 있어 조정으로 오가는 큰 길도 항상 비좁고 번잡했었느니라.

● 괴경(槐卿)은 주(周)나라 때 조정을 향하는 길목 왼쪽에 세 그루의 회나무를 삼공(三公)을 의미하여 심었고 오른쪽에는 아홉 그루의 가시나무를 구경(九卿)을 이미하여 심은 데서 연유한 말이다.

## 운율(韻律) 戶封八縣하고 家給千兵하였느니라.

### 125

戶
月 戶 戶

하나 뿐인 외짝 문을 여닫는 집의 문, 또는 지게의 형상을 그린 글자이다.

| 戶 - 4획 | 寸 - 9획 | 八 - 2획 | 糸 - 16획 | 평가 |
|---|---|---|---|---|
| 戶 | 封 | 八 | 縣 | |
| 지게 호 | 봉할 봉 | 여덟 팔 | 고을 현 | |
| 丶亠户户 | | ノ八 | | |
| 一十土丰圭封封 | | | 県県県県縣縣縣 | |

**풀이** 호봉팔현 : 공신들에게는 여덟 고을(八縣)의 영지와 그곳에 딸린 민호(戶)를 봉읍(封)으로 주어 다스리게 하였고,

● 호(戶)는 백성들의 집인 민호(民戶-민가)를 뜻한 말로 당시 행정구역의 단위로 한 현(縣)에는 대략 일만 호의 민가가 있었다고 한다.

### 126

家
家 家 家

집(宀)에서 집집마다 돼지(豕) 등 가축을 기르는 형상을 본뜬 글자이다.

| 宀 - 10획 | 糸 - 12획 | 十 - 3획 | 八 - 7획 | 평가 |
|---|---|---|---|---|
| 家 | 給 | 千 | 兵 | |
| 집 가 | 줄 급 | 일천 천 | 군사 병 | |
| 丶宀宀宁宇宇家家 | | ノ二千 | | |
| 幺幺糸糹給給給 | | ノ一「斤丘兵兵 | | |

**풀이** 가급천병 : 또 그 공신들의 집(家)에는 많은(千) 병사들(兵)을 주어(給) 우대하였었느니라.

● 병(兵)은 제후들이나 공신(功臣)들에게 위의 봉읍(封邑)은 물론 그들의 재산과 안위를 보호해 주도록 하사된 가병(家兵)들을 말한다. 이것들이 봉건주의시대의 한 특징을 말해준다.

천자문 69

**운율(韻律)** 高冠陪輦하면 驅轂振纓하였느니라.

## 127

篆: 髙髙高

높은 언덕에 세워진 망루나 누각의 형상을 그린 글자이다.

| 高 - 10획 | 宀 - 9획 | 阝 - 11획 | 車 - 15획 | 평가 | | | |
|---|---|---|---|---|---|---|---|
| 高 | 冠 | 陪 | 輦 | 高 | 冠 | 陪 | 輦 |
| 높을 고 | 갓 관 | 모실 배 | 연가마 연 | | | | |
| 亠亠亠高高高高 | | 阝阝阝阝陪陪 | | 高 | 冠 | 陪 | 輦 |
| 冖冖冖冠冠冠 | | 夫夫夫夫替替輦 | | | | | |

**풀이** 고관배연 : 임금이 출행할 때마다 화려한 높은(高) 관(冠)을 쓴 대신들이 임금이 탄 연(輦)을 모실(陪) 때면,

● 연(輦)은 임금이 타는 수레를 말하는 것으로 가마와는 그 격을 달리하였고 출행시 고관대작들은 물론 많은 수행원이 따르는 그 연은 화려함의 극치라고까지 기록되어 있다.

## 128

篆: 驅驅驅

군사가 말(馬)을 일정한 구역(區)으로 몰아 도망가는 죄인을 잡는 형상을 본뜬 글자이다.

| 馬 - 21획 | 車 - 17획 | 扌 - 10획 | 糸 - 23획 | 평가 | | | |
|---|---|---|---|---|---|---|---|
| 驅 | 轂 | 振 | 纓 | 驅 | 轂 | 振 | 纓 |
| 몰 구 | 바퀴 곡 | 떨칠 진 | 갓끈 영 | | | | |
| 厂厂馬馬馬驅驅 | | 扌扌扩扩扩振振 | | 驅 | 轂 | 振 | 纓 |
| 士吉壴壴壴轂轂 | | 糸糸糸糸纓纓纓 | | | | | |

**풀이** 구곡진영 : 말을 몰아(驅) 가는 고관대신들의 화려한 관모의 갓끈(纓)이 수레바퀴(轂)가 구를 때마다 휘날려(振) 임금의 행차는 장엄하고 그 위의(威儀)가 넘치게 되었었느니라.

● 구곡은 고관대작은 물론 수행행들이 임금을 연에 모시고 말을 몰아가는 것을 표현한 것이다.

**운율(韻律)**: 世祿侈富하니 車駕肥輕하였느니라.

## 129

| 一 - 5획 | 示 - 13획 | 人 - 8획 | 宀 - 12획 | 평가 |
|---|---|---|---|---|
| 世 | 祿 | 侈 | 富 | |
| 인간 세 | 녹 록 | 사치할 치 | 부자 부 | |
| 一 十 廿 丗 世 | 亻 亻 亻 侈 侈 侈 | | | |
| 示 礻 祚 祿 祿 祿 | 宀 宀 宀 宀 富 富 富 | | | |

富 부유한 집(宀)에서 볼 수 있는 귀한 술을 담은 호리병의 형상을 본뜬 글자이다.

**풀이**: 세록치부 : 영지를 식읍으로 받은 공신들은 대대로(世) 받는 녹봉(祿)으로 사치(侈)하고 부유(富)하니,

● 세록(世祿)은 앞서 말한 제후나 공신들에게 내려졌던 영지(領地)와 봉읍(封邑) 그리고 녹봉들이 대대로 세습되어 그들의 재산은 넘치고 넘쳐 사치스러움을 더해 갔음을 표현하는 것이다.

## 130

| 車 - 7획 | 馬 - 15획 | 月 - 8획 | 車 - 14획 | 평가 |
|---|---|---|---|---|
| 車 | 駕 | 肥 | 輕 | |
| 수레 거 | 멍에 가 | 살찔 비 | 가벼울 경 | |
| 一 厂 戸 百 亘 車 | 月 月 月 肌 肥 肥 肥 | | | |
| 力 加 加 智 賀 駕 駕 | 車 車 軒 輕 輕 輕 | | | |

車 수레의 두 바퀴의 형상을 본뜬 글자이다.

**풀이**: 거가비경 : 그 공신들의 집에서 부리는(駕) 말까지 살이 쪄서(肥) 수레(車)를 끌고 달리는데도 가볍게(輕) 보였느니라.

● 거(車)는 대개 사람의 힘으로 움직이는 것을 말하는 것으로 인력거, 이륜거, 자전거 등이 있고, 차(車)는 짐승이나 기관의 동력 등으로 움직이는 것으로 마차, 우차, 자동차 등인데 여기서는 격상의 표현으로 봐야할 것이다.

## 운율(韻律): 策功茂實를 勒碑刻銘하였느니라.

### 131

策功茂實

| 竹-12획 | 力-5획 | 艸-9획 | 宀-14획 |
|---|---|---|---|
| 策 | 功 | 茂 | 實 |
| 꾀 책 | 공 공 | 무성할 무 | 열매 실 |

곡식과 열매들을 실로 꿰어(貫) 집안(宀) 천정 등에 매달아 놓은 형상을 본뜬 글자이다.

**풀이** 책공무실 : 공(功)을 세우기에 애쓰고 힘써서(策) 얻은(實) 많은(茂) 공적을 공신들은,

● 책(策)은 나랏일을 충성스럽게 열의를 가지고 일함을 말하며 그로인하여 많은 공(功)을 세우게 되었다는 것의 우회적인 표현으로 이해할 수 있다.

### 132

勒碑刻銘

| 力-11획 | 石-13획 | 刂-8획 | 金-14획 |
|---|---|---|---|
| 勒 | 碑 | 刻 | 銘 |
| 새길 륵 | 비석 비 | 새길 각 | 새길 명 |

하찮은(卑) 돌(石)도 비석 등을 만드는데 유용하게 쓸 수 있다는 의미의 글자이다.

**풀이** 늑비각명 : 비석(碑)을 세워 그 공적을 새겼으니(勒), 그 내용을 빠짐없이 새겨 넣어(刻) 그 공이 오랫동안 전해지게(銘) 하였느니라.

● 여기서 각(刻)과 명(銘)이 같은 의미로 혼동되기 쉬우나 「각」은 돌이나 나무 따위에 내용을 깎아서 새기는 작업공정을 뜻며 「명」은 각으로 이미 새겨진 내용을 말한다.

**운율(韻律):** 磻溪伊尹이었으니 佐時阿衡하였느니라.

## 133

磻溪伊尹

| 石 - 17획 | 氵- 13획 | 人 - 6획 | 尸 - 4획 | 평가 |
|---|---|---|---|---|
| 돌 반 | 시내 계 | 저 이 | 다스릴 윤 | |

냇가의 시냇물(水)은 어찌(奚) 생겨나 골짜기에서 흘러 오는지를 나타내는 형상을 본뜬 글자이다.

**풀이** 반계이윤 : 문왕(文王)은 반계(磻溪)에서 강태공(姜太公)을 얻었고 은왕은 신야에서 이윤(伊尹)을 얻었으니,

● 반계(磻溪)는 강이름이지만 주나라(周) 문왕이 얻은 강태공(=태공망, 강여상)을 이름이고 은(殷)나라 탕왕(湯王)은 신야(新野)에서 농사짓던 이윤(伊尹)을 얻어 하(夏)나라 폭군 걸왕(桀王)을 축출하고 선정을 폈다.

## 134

佐時阿衡

| 人 - 7획 | 日 - 10획 | 阝- 8획 | 行 - 16획 | 평가 |
|---|---|---|---|---|
| 도울 좌 | 때 시 | 언덕 아 | 저울 형 | |

옛날에는 때를 알기 위해 어떤 사물을 땅(土)에 세워 놓고 햇빛(日)의 그림자로 헤아리는(寸) 그 형상을 본뜬 글자이다.

**풀이** 좌시아형 : 시국(時)의 위기에서 왕을 도와 구한(佐) 여상(呂尙)과 이윤(伊尹)을 일컬어 아형(阿衡)이라 일렀느니라.

● 이로인해 후대에서는 덕망이 높고 존경받는 대신을 아형이라 불리우게 되었으며 은나라 때의 재상을 일컫기도 한다.

## 운율(韻律) 奄宅曲阜이니 微旦孰營하랴.

### 135

奄宅曲阜

| 大 - 8획 | 宀 - 6획 | 曰 - 6획 | 阜 - 8획 |
|---|---|---|---|
| 奄 | 宅 | 曲 | 阜 |
| 오랠 엄 | 집 택 | 굽을 곡 | 언덕 부 |
| 一ナ大本本奄奄 | | 丨冂曲曲曲 | |
| 丶宀宁宅 | | 丨𠂉白自𨸏阜 | |

대를 쪼개서 가로 세로 굽혀 엮어서 만든 광주리 등의 형상을 본뜬 글자이다.

**풀이** 엄택곡부 : 주공은 곡부(曲阜)에 큰 집을 지었으니 백성들의 마음속에 오래 남을 집(奄宅)이니,

● 곡부(曲阜)는 노(魯)나라 땅으로 공자(孔子)께서 태어나신 곳이기도 하다. 엄택(奄宅)은 주(周)나라를 일으켜 세운 무왕의 아우로 무왕이 죽자 어린 성왕을 도와 섭정, 후에 성왕으로부터 곡부를 식읍(食邑)으로 받아 노(魯)나라 군주가 되어 진 정사를 폈던 곳이다.

### 136

微旦孰營

| 彳 - 13획 | 曰 - 5획 | 子 - 11획 | 火 - 17획 |
|---|---|---|---|
| 微 | 旦 | 孰 | 營 |
| 작을 미 | 아침 단 | 누구 숙 | 경영할 영 |
| 彳彳彳彳彳微微 | | 一亠亨亨亨孰孰 | |
| 丨冂日日旦 | | ⺮ ⺮⺮ 𤇾 𤇾 營 營 營 | |

화려하게 빛나는(火火=熒의 생략형) 궁전(宮)에서 임금이 나라를 경영한다는 의미의 글자이다.

**풀이** 미단숙영 : 주공(旦)이 아니면(微) 누가 있어(孰) 백성들의 마음속에 그 큰 집을 지어 어질고 슬기롭게 경영(營)할 수 있으랴.

● 단(旦)은 주공(周公)의 이름인데 주공은 주(周)나라 무왕(武王)의 동생으로 무왕이 죽자 무왕의 아들이자 어린 조카인 성왕을 도와 나라의 기틀을 공고히 해 후대의 칭송을 한 몸에 받은 인물이다.

## 운율(韻律): 桓公匡合하고 濟弱扶傾하였느니라.

### 137

合 合 合

그릇에 밥 등을 넣고 뚜껑을 합하여 덮어 놓은 형상을 본뜬 글자이다.

| 木 - 10획 | 八 - 4획 | 匚 - 6획 | 口 - 6획 | 평가 | | | |
|---|---|---|---|---|---|---|---|
| 桓 | 公 | 匡 | 合 | 桓 | 公 | 匡 | 合 |
| 굳셀 환 | 공변될 공 | 바를 광 | 합할 합 | 桓 | 公 | 匡 | 合 |
| 木 朾 朽 柯 柯 桓 桓 | | 一 匚 匚 匡 匡 匡 | | | | | |
| 丿 八 公 公 | | 丿 人 人 合 合 合 | | | | | |

**풀이** 환공광합 : 제나라 왕 환공(桓公)은 제후들을 규합(合)하여 천하를 바로 잡았고(匡),

● 환공(桓公)은 제(齊)나라 왕으로 천하를 바로 잡았고 제후들로부터 아홉 번이나 맹약을 받았으며 관중(管仲)과 포숙아(鮑叔牙)을 등용하여 여러 나라를 도와주며 패업(霸業)을 이룬 왕이다.

### 138

傾 傾 傾

사람(人)이 수저(匕)처럼 한쪽으로 고개가 기우려(頃) 있는 형상을 본뜬 글자이다.

| 氵 - 17획 | 弓 - 10획 | 扌 - 7획 | 人 - 13획 | 평가 | | | |
|---|---|---|---|---|---|---|---|
| 濟 | 弱 | 扶 | 傾 | 濟 | 弱 | 扶 | 傾 |
| 구제할 제 | 약할 약 | 도울 부 | 기울 경 | 濟 | 弱 | 扶 | 傾 |
| 氵 氵 泞 济 溶 溶 濟 | | 一 十 扌 扌 扌 扶 扶 | | | | | |
| 丁 弓 昂 昂 弱 弱 | | 亻 亻 仁 仴 倾 傾 傾 | | | | | |

**풀이** 제약부경 : 약한(弱) 나라를 구제(濟)해 주고 기울어 간는(傾) 나라들을 붙들어(扶) 주어 주 왕실(周王室)을 바로잡기에 힘썼었느니라.

● 자기(포숙아)의 추천으로 관중이 재상이 되었으나 자신은 오로지 관중만을 도와 환공으로 하여금 춘추오패(春秋五霸)의 으뜸이 되게 하였다. 관포지교(管鮑之交)는 관중과 포숙아를 두고 나온 고사이다.

## 운율(韻律): 綺回漢惠하고 說感武丁하였느니라.

### 139

| 糸 - 14획 | 口 - 6획 | 氵- 14획 | 心 - 12획 | 평가 |
|---|---|---|---|---|
| 綺 | 回 | 漢 | 惠 | |
| 비단 기 | 돌아올 회 | 한수 한 | 은혜 혜 | |
| 糸糸糸糸糸綺綺 | | 氵汁汁汁漢漢 | 一 日 由 审 車 惠 惠 | |
| ㅣ ㄇ ㄇ ㄇ 回 回 | | | | |

綺回漢惠

은혜에 보답하는 길은 언행을 삼가하고 어진 마음(心)으로 베풀어야 한다는 의미의 글자이다.

**풀이** 기회한혜 : 상산사호(商山四皓)의 기리계(綺里季)는 한(漢)나라 혜제(惠帝)를 위태한 태자 자리에서 회복(回)케 하였고,

● 상산사호(商山四皓)는 진나라의 폭정에 못이겨 성산 땅으로 피해 은거 했던 네 현인을 말함인데 모두 머리와 수염이 하얀 까닭에 일컬어지던 이름이었다. 기리계를 비롯하여 동원공(東園公), 하황공(夏黃公), 녹리선생을 말함.

### 140

| 言 - 14획 | 心 - 13획 | 止 - 8획 | 一 - 2획 | 평가 |
|---|---|---|---|---|
| 說 | 感 | 武 | 丁 | |
| 기쁠 열 | 느낄 감 | 호반 무 | 고무래 정 | |
| 言 言 言 計 訪 訪 說 | | 一 二 干 于 正 武 武 | 一 丁 | |
| 厂 后 咸 咸 咸 感 感 | | | | |

說感武丁

오랑캐 등에게 무력(戈)을 일방적으로(一) 휘둘러 난리를 평정하고 칼을 멈췄다(止)는 무관인 호반의 형상을 본뜬 글자이다.

**풀이** 열감무정 : 은(殷)나라 때 부열(說)은 어진 정사를 펼 수 있도록 왕을 도우니 고종(高宗)인 무정(武丁)을 감동(感)시켰었느니라.

● 무정은 은나라 22대 임금 고종인데 덕망 높은 신하를 소원했던 바 하늘이 감동하여 꿈속에 한 현자를 보내주었는데 화공을 불러 꿈에 본 현자를 그리게 해서 찾은 사람이 곧 부열(傅說)이었다.

**운율(韻律)**: 俊乂密勿하니 多士寔寧하였느니라.

## 141

俊乂密勿

| 人 - 9획 | 丿 - 2획 | 宀 - 11획 | 勹 - 4획 | 평가 |
|---|---|---|---|---|
| 俊 | 乂 | 密 | 勿 | |
| 준걸 준 | 재주 예 | 빽빽할 밀 | 말 물 | |
| 亻 仁 伫 伫 仔 俊 俊 | 宀 宀 宀 宓 宓 宓 密 | | | |
| 丿 乂 | | ノ 勹 勹 勿 | | |

색을 달리한 깃발 등으로 무엇을 하지말라는 신호로 대신한 형상을 본뜬 글자이다.

**풀이** 준예밀물 : 뛰어난 인물(俊)과 재사(乂)들이 수없이(密) 배출되어 나랏일을 하니(勿),

● 물(勿)은 금지의 뜻을 담은 '~을 하지 말라'는 글인데 여기서는 「문지를 물」로 풀이 되어야 한다. 여기서는 무언가 애써서 문지른다는 뜻으로 의역한 말이다.

## 142

多士寔寧

| 夕 - 6획 | 士 - 3획 | 宀 - 12획 | 宀 - 14획 | 평가 |
|---|---|---|---|---|
| 多 | 士 | 寔 | 寧 | |
| 많을 다 | 선비 사 | 이 식 | 편안할 녕 | |
| ノ ク 夕 夕 多 多 | | 宀 宀 宣 寍 寍 寔 寔 | | |
| 一 十 士 | | 宀 宀 宀 宀 寍 寍 寧 | | |

집안(宀) 그릇(皿)에 음식들이 남아돌아 장정(丁)들의 마음(心)이 편하고 건강한 형상을 본뜬 글자이다.

**풀이** 다사식녕 : 이들(寔)로 인해 많은(多) 충신·선비(士)들이 어진 정사를 폄으로써 나라 안과 백성들은 그지없이 평안(寧)하였느니라.

● 식(寔)은 시(是)와 같은 뜻으로 '이, 이것, 이사람'이란 의미로 쓰임.

## 운율(韻律): 晉楚更霸하였음에 趙魏困橫하였느니라.

### 143

| 日 - 10획 | 木 - 13획 | 日 - 7획 | 雨 - 21획 | 평가 |
|---|---|---|---|---|
| 晋 | 楚 | 更 | 霸 | |
| 나라 진 | 나라 초 | 다시 갱 | 으뜸 패 | |
| 一丌丌亞晋晋 | | 一厂厅可更更 | | |
| 木木林梺梺楚楚楚 | | 雨雨雪霏霸霸霸 | | |

남쪽이 밝듯(丙) 밝게 살도록 회초리(支)를 들고 다스려 다시 마음을 다잡을 수 있도록 고쳐준다는 의미의 글자이다.

**풀이** 진초갱패 : 진(晋)나라와 초(楚)나라가 번갈아(更) 가며 패권(霸)을 잡게 되었음으로 인하여,

● 춘추전국시대(春秋戰國時代) 초나라 장왕(莊王)이 즉위한 지 3년이 지나도록 여색과 풍악에 빠져 방탕하더니 바른 말을 잘하는 오거(伍擧)라는 신하의 직간을 듣고 정신차려 천하의 패권자가 되었다고 한다.

### 144

| 走 - 14획 | 鬼 - 18획 | 口 - 7획 | 木 - 16획 | 평가 |
|---|---|---|---|---|
| 趙 | 魏 | 困 | 横 | |
| 나라 조 | 나라 위 | 곤할 곤 | 가로 횡 | |
| 走走赴赴趙趙趙 | | 丨冂冂用困困 | | |
| 禾委豹豹魏魏魏 | | 木杧杧樯樯横横 | | |

사방으로 잡목들이 자리(口)하고 있어 그 안의 나무(木)는 잘 자라기가 곤란하다는 의미의 글자이다.

**풀이** 조위곤횡 : 전국시대(戰國時代) 때에 약소국이었던 조(趙)나라와 위(魏)나라는 소진(蘇秦)의 합종책과 장의(張儀)의 연횡책(橫) 사이에서 어려움(困)을 많이 겪게 되었었느니라.

● 연횡설(連橫設)의 연횡책은 소진의 합종책(合縱策)에 대항하여 진(秦)의 장의가 내세운 동맹정책으로 주변 여섯 나라와 단독으로 각각 화평 조약을 맺으려던 정책을 말함.

## 운율(韻律): 假途滅虢하고 踐土會盟하였느니라.

### 145

臧滅減減

무성한 나무(戌)의 활활 타는 불기운(火)은 물(水)로써 적을 멸망시키듯 끌 수밖에(一) 없다는 의미의 글자이다.

| 人 - 11획 | 辶 - 11획 | 氵 - 13획 | 虍 - 15획 | 평가 |
|---|---|---|---|---|
| 假 | 途 | 滅 | 虢 | |
| 거짓 가 | 길 도 | 멸할 멸 | 나라 괵 | |
| 亻亻俨俨假假假 | 氵沪沪派滅滅滅 | | | |
| 人人今余余涂途途 | ⺌爫爫爫虢虢 | | | |

**풀이** 가도멸괵 : 진나라 헌공은 거짓 계책(假)을 써서 우나라의 길(途)을 빌려 괵국(虢)을 쳐 멸망(滅)시켰고,

● 진(晋)나라 왕 헌공(獻公)은 언변좋은 신하 순식(荀息)을 보냈는데 순식은 우나라 왕에게 옛 말에 이르기를 輔車相依 脣亡齒寒(보거상의 순망치한)이라 무거운 짐을 실을 때 바퀴에 끼어 살의 힘을 돕는 덧방나무와 수레는 서로 의지하며 지탱하고 입술이 없으면 이가 시리다고 했습니다, 라고 하여 길을 빌리게 되었다.

### 146

盟盟盟盟

해(日)와 달(月)을 걸고 맹세할 때 동물의 피 따위를 그릇(皿)에 담고 기원하는 형상을 본뜬 글자이다.

| 足 - 15획 | 士 - 3획 | 日 - 13획 | 皿 - 13획 | 평가 |
|---|---|---|---|---|
| 踐 | 土 | 會 | 盟 | |
| 밟을 천 | 흙 토 | 모을 회 | 맹세할 맹 | |
| 𧾷𧾷践践践踐 | | 人人合合會會會 | | |
| 一十土 | | 日明明明明明盟 | | |

**풀이** 천토회맹 : 돌아오는 길에 진헌공의 아들 문공이 우나라까지 멸하고 하남성(河南省)에 있는 천토(踐土)에 여러 제후들을 회합시켜(會) 맹세(盟)하게 하였느니라.

● 진 문공은 천토에 천자를 위한 행궁(行宮)을 짓고 여러 제후들로 하여금 회맹케 하여 천자에게 충성할 것을 맹세하게 한 것이 '천토회맹'의 이야기이다.

**운율(韻律):** 何遵約法하니 韓弊煩刑하였는지라.

## 147

漢
法

물(水)이 높은 곳에서 낮은 곳으로 흐르듯(去) 법은 한결같이 공평해야 한다는 의미의 글자이다.

| 人 - 7획 | 辶 - 16획 | 糸 - 9획 | 氵- 8획 | 평가 | | | |
|---|---|---|---|---|---|---|---|
| 何 | 遵 | 約 | 法 | 何 | 遵 | 約 | 法 |
| 어찌 하 | 따를 준 | 맺을 약 | 법 법 | 何 | 遵 | 約 | 法 |
| ノイイ仁仃何何 | ゃゃ糸糸紆約約 | | | | | | |
| ソ一丷酋尊導遵 | ゝミシ汁法法法 | | | | | | |
| | | | | | | | |
| | | | | | | | |
| | | | | | | | |

**풀이** **하준약법**: 한고조(漢高祖) 유방이 천하를 통일하고 그 고조의 신하였던 소하(何)는 진의 번거로운 법령들을 폐하고 간소한 약법삼장(約法)을 만들어 백성들에게 그 세 가지 법만 지키게(遵) 하였으니,

● 약법삼장(約法三章)은 사람을 죽인 자는 죽임, 사람을 상하게 하거나 도둑질한 자는 벌을 줌. 나머지 진나라의 법은 모두 없앤다. 이 세 가지가 그것이다.

## 148

韓
韓
韓

동쪽(十)에서 먼저 해돋는(日) 동쪽(十) 나라(韋)가 아마 우리나라가 아닐까하는 의미의 글자이다.

| 韋 - 17획 | 廾 - 15획 | 火 - 13획 | 刀 - 6획 | 평가 | | | |
|---|---|---|---|---|---|---|---|
| 韓 | 弊 | 煩 | 刑 | 韓 | 弊 | 煩 | 刑 |
| 나라 한 | 폐단 폐 | 번거로울 번 | 형벌 형 | 韓 | 弊 | 煩 | 刑 |
| 十古亨草韓韓韓 | ソ 少 火 炉 炉 煩 煩 | | | | | | |
| 丶亠 术 敝 敝 弊 | 一二于 开 开 刑 | | | | | | |
| | | | | | | | |
| | | | | | | | |
| | | | | | | | |

**풀이** **한폐번형**: 폐한 진(秦)나라 법령은 한(韓)나라 때 한비(韓非)의 저술을 기초로 한 것으로 백성들에게는 그 형벌(刑)이 그지없이 번거롭고(煩) 가혹하여 폐단(弊)이 많았었느니라.

● 한비는 이사(李斯)와 함께 순자(荀子)에게 형명(刑名)의 학(學)을 배웠는데 나중에 진(秦)의 시황제에게 쓰임을 받게 된 이사는 한비의 재주를 두려워 한 나머지 한비를 후에 죽이게 된다.

## 운율(韻律): 起翦頗牧은 用軍最精이었느니라.

### 149

| 走 - 10획 | 羽 - 15획 | 頁 - 14획 | 牛 - 8획 | 평가 | | | |
|---|---|---|---|---|---|---|---|
| 起 | 翦 | 頗 | 牧 | 起 | 翦 | 頗 | 牧 |
| 일어날 기 | 가위 전 | 자못 파 | 기를 목 | | | | |
| 土 キ キ 未 走 起 起 | | 厂 广 皮 皮 皮 頗 頗 | | 起 | 翦 | 頗 | 牧 |
| 竹 竹 前 前 前 前 翦 | | 一 ノ 十 牛 牜 牧 牧 | | | | | |

빨리 달리기(走)위해서는 몸(己)과 다리를 굽혔다 펴서 달려야 한다는 의미의 글자이다.

**풀이** 기전파목 : 진(秦)나라의 백기(起)와 왕전(翦)은 명장이었고, 염파(頗)와 이목(牧)은 조(趙)나라 장수였는데,

● 진나라 백기(白起)는 소왕(昭王) 때의 장수였는데 백기는 여러 전쟁에서 공을 세워 무안군에 봉해졌었다. 여기서 진의 소왕은 후대에 중국을 천하 통일한 진시황(秦始皇)의 증조부이다.

### 150

| 用 - 5획 | 車 - 9획 | 日 - 12획 | 米 - 14획 | 평가 | | | |
|---|---|---|---|---|---|---|---|
| 用 | 軍 | 最 | 精 | 用 | 軍 | 最 | 精 |
| 쓸 용 | 군사 군 | 가장 최 | 정할 정 | | | | |
| 丿 冂 月 月 用 | | 日 旦 旱 昰 冣 最 最 | | 用 | 軍 | 最 | 精 |
| 冖 冖 冒 冒 冒 軍 軍 | | 丷 丬 米 米 米 精 精 | | | | | |

전쟁 무기 등을 실은 수레(車)는 적으로 발견되지 않게 그 위를 덮는(冖)다는 의미의 글자이다.

**풀이** 용군최정 : 이들은 군을 잘 통솔하여(用軍) 군사들을 가장 강한 최정예군(最精)으로 만들어 항상 나라에 큰 공을 세웠느니라.

● 용군(用軍)은 군사를 부리는 용병술을 의미하며 군대를 운용하는 것을 말한다. 또 최정(最精)은 최고의 정예 군사란 뜻으로 곧 최정예군(最精銳軍)이라 일컫는다.

## 운율(韻律): 宣威沙漠하니 馳譽丹靑하였느니라.

### 151 宣威沙漠

- 宣 (宀-9획) 베풀 선: 宀宀宀宣宣宣宣
- 威 (女-9획) 위엄 위: 丿厂厃反威威威
- 沙 (氵-7획) 모래 사: 丶氵氵氵沙沙沙
- 漠 (氵-14획) 사막 막: 氵氵氵洪漠漠漠

숲(艹)으로 해(日)가 떨어져 빛(大)을 잃어가는 물(水)건너 서쪽에는 사막이 있다는 의미의 글자이다.

**풀이** 선위사막 : 또 이들의 용맹함이(威) 머나먼 변방 사막(沙漠)까지 알려져 임금의 위엄을 드높였으니(宣),

- 선위(宣威)는 위세와 위엄을 떨친다는 뜻으로 중국의 가장 북단의 변경 사막(沙漠)까지 장군들의 명성이 자자했다는 것을 나타낸 구(句)이다.

### 152 馳譽丹靑

- 馳 (馬-13획) 달릴 치: 馬馬馬馳馳馳
- 譽 (言-21획) 명예 예: 與與與與譽譽譽
- 丹 (丶-4획) 붉을 단: 丿月月丹
- 靑 (靑-8획) 푸를 청: 二キ主丰靑靑靑

붉은(丹) 흙 속의 씨앗(月)이 나면(主=生의 변형) 그 싹이 푸르다는 의미의 글자이다.

**풀이** 치예단청 : 한나라 선제(宣帝)는 그 장수들과 공신들의 초상들을 그리게 하여 기린각에 거니 그들의 명예(譽)가 말 달리듯(馳) 온나라 안에 알려졌었느니라.

- 선제는 흉노(匈奴)와의 전쟁에서 이겨 흉노족 왕이 조공을 하자 흉노 평정에 공이 많은 공신들을 그리게 하여 기린각(麒麟閣)에 걸었는데 모두 11명이었다.

## 운율(韻律) 九州禹跡이요 百郡秦幷하였느리라.

### 153

九州禹跡

| 乙 - 2획 | 巛 - 6획 | 内 - 9획 | 足 - 13획 |
|---|---|---|---|
| 九 | 州 | 禹 | 跡 |
| 아홉 구 | 고을 주 | 임금 우 | 자취 적 |
| 丿九 | 丶丿丿丿州州州 | 一丆白冃禹禹禹 | 口口趴趴跡跡跡 |

여러 고을(巛)들이 강(川)을 경계로 하는 고을이 많다는 의미의 글자이다.

**풀이** 구주우적 : 상고시대 우(禹)임금이 우환거리였던 홍수를 다스려 중국을 아홉 주로 나눠 치수하였으니 중국이 구주(九州)가 된 것은 그때의 치적(跡)이요,

● 여기서 구주라함은 기(冀), 연, 청(靑), 서(徐), 형(荊), 양(揚), 예(豫), 양(梁), 옹(雍) 이 아홉 주(州)를 말한다.

### 154

百郡秦幷

| 白 - 6획 | 阝 - 10획 | 禾 - 10획 | 干 - 8획 |
|---|---|---|---|
| 百 | 郡 | 秦 | 幷 |
| 일백 백 | 고을 군 | 나라 진 | 아우를 병 |
| 一丆丅百百百 | 一尹君君郡郡 | 二夫夹夹表秦秦 | 丶丶二于于扵幷 |

임금이 손가락을 가리키며 말(口)로 다스리는(尹) 고을(邑)의 형상을 의미한 글자이다.

**풀이** 백군진병 : 진시황제(秦始皇帝)는 주(周)나라 이후 처음으로 진정 천하를 통일하여 많은 제후들(百郡)을 병합(幷)함으로써 오늘의 중국이 있게 하였느니라.

● 여기서 백군(百郡)은 구체적인 숫자가 아니라 천하의 많은 제후(諸侯)들을 쳐서 병합한 것을 말하는 것이다. 진시황은 중앙집권제 체제를 완성했고 도량형을 통일하였으며 문자 등을 일원화 했다 한다.

천자문 83

**운율(韻律):** 嶽宗恒岱하니 禪主云亭하였느니라.

## 155

嶽宗恒岱

- 嶽 (山 - 17획) 큰산 악
- 宗 (宀 - 8획) 마루 종
- 恒 (忄 - 9획) 항상 항
- 岱 (山 - 8획) 메 대

개(犭+犬)들이 짖으면 높은(山) 산마루에서 메아리(言)가 들려온다는 의미의 글자이다.

**풀이** 악종항대 : 천하의 봉우리를 거느린 산들의 조종(祖宗)인 오악(嶽) 중 항산(恒)과 태산(岱)을 으뜸 조종(宗)으로 삼았고,

● 오악(五嶽)은 동쪽의 태산(泰山), 서쪽의 환산(華山), 남쪽의 형산(衡山), 북쪽의 항산(恒山) 그리고 중앙의 하남성(河南省)에 자리한 숭산(崇山)을 말한다. 여기서 대(岱)는 곧 태산(泰山)을 말함이다.

## 156

禪主云亭

- 禪 (示 - 17획) 고요할 선
- 主 (丶 - 5획) 주인 주
- 云 (二 - 4획) 이를 운
- 亭 (亠 - 9획) 정자 정

왕(王)은 촛대로 그 촛대 위에 불(丶)이 켜 있는 곳에 주인인 가장을 중심으로 앉아 있는 형상을 본뜬 글자이다.

**풀이** 선주운정 : 예로부터 황제에 즉위하면 곧 제주(主)가 되어 제사(禪)를 올렸는데 태산이 거느린 운운산(云)과 정정산(亭)을 으뜸으로 하였느니라.

● 여기서 운(云)은 운운산(云云山)을 말하고 정(亭)은 정정산(亭亭山)을 말함인데 이 두 산은 태산의 아래에 매인 작은 산들이다.

## 운율(韻律) 雁門紫塞는 鷄田赤城이니라.

### 157

雁雁雁

해변 언덕(厂) 밑에 사람(人)이 사는 집처럼 굴을 파고 기러기(隹)가 서식하는 형상을 본뜬 글자이다.

| 厂 - 15획 | 門 - 8획 | 糸 - 11획 | 土 - 13획 | 평가 | |
|---|---|---|---|---|---|
| 雁 | 門 | 紫 | 塞 | | |
| 기러기 안 | 문 문 | 자주색 자 | 변방 새 | | |
| 丿厂厂厂厂厂雁雁 | 丨冂冂冂門門門 | 丨丨止止此紫紫紫 | 宀宀宀宀宙実寒塞 | | |

**풀이** 안문자새 : 안문에는(雁門)에는 변방의 요새인 만리장성(紫塞)이 있으니,

● 안문은 중국 서북방에 있는 험준한 요새와 같은 곳이다. 또 안문은 그 지방의 군(郡)의 이름으로 봄이면 기러기가 북쪽으로 향할 때 이곳을 넘는다 하여 붙여진 이름이고, 자새는 흙빛이 자주색인 만리장성을 말한다.

### 158

鷄田城城

돌과 흙(土)으로 쌓아 올려진(成) 성과 성벽의 형상을 본뜬 글자이다.

| 鳥 - 21획 | 田 - 5획 | 赤 - 7획 | 土 - 9획 | 평가 | |
|---|---|---|---|---|---|
| 鷄 | 田 | 赤 | 城 | | |
| 닭 계 | 밭 전 | 붉을 적 | 재 성 | | |
| 爫爫爫奚鄭鷄鷄 | 丨冂冂田田 | 一十土卡赤赤 | 土圹圹城城城 | | |

**풀이** 계전적성 : 안문 밖으로는 돌궐의 옛 터전인 계전(鷄田)이 있고 만리장성 밖으로는 옛 조선족의 치우천왕이 웅거했던 적성(赤城)이 있었느니라.

● 홍(紅)은 순수한 붉은 색인데 반해 적(赤)은 황색이 섞인 짙은 붉은 색으로 적성은 옛날 조선족의 터전이었던 땅이름인데 계전 역시 땅이름이다.

## 운율(韻律): 昆池碣石이요 鉅野洞庭이 있었느니라.

### 159

昆池碣石

언덕 아래 입(口) 크기의 돌들이 있는 형상을 본뜬 글자이다.

| 日 - 8획 | 氵- 6획 | 石 - 14획 | 石 - 5획 | 평가 | |
|---|---|---|---|---|---|
| 昆 | 池 | 碣 | 石 | | |
| 맏 곤 | 못 지 | 돌 갈 | 돌 석 | | |
| 口 日 日 日 昆 昆 | | 石 矴 矴 碍 碣 碣 碣 | | | |
| 丶 丶 氵 沪 池 池 | | 一 丆 石 石 石 | | | |

**풀이** 곤지갈석 : 중국 9주(九州)에는 연못으로는 곤지(昆池)가 있고 산으로는 갈석산(碣石)있어 하우씨(夏禹氏)의 발자취가 이른 곳이요,

● 곤지는 곤명지(昆明池)를 이르는 말인데 옛날 한 무제(漢武帝)가 남방을 정벌하기 위해 장안 근교 상림원(上林苑)에 사방 40리를 파서 수군(水軍)을 훈련시켰다 한다.

### 160

鉅野野野

시골 농촌 마을(里)은 나의 눈(子)에 보여지는 것으로는 오직 푸른 들녘이라는 의미의 글자이다.

| 金 - 13획 | 里 - 11획 | 氵- 9획 | 广 - 10획 | 평가 | |
|---|---|---|---|---|---|
| 鉅 | 野 | 洞 | 庭 | | |
| 클 거 | 들 야 | 고을 동 | 뜰 정 | | |
| 스 金 釒 釔 鉅 鉅 | | 氵 汀 汩 洞 洞 洞 | | | |
| 日 旦 甲 里 野 野 | | 亠 广 广 庄 庭 庭 | | | |

**풀이** 거야동정 : 거야(鉅野)는 산동의 태산 동쪽으로 끝없이 펼쳐진 들판이요, 호남성 북쪽으로는 둘레가 칠백리나 되는 호수인 동정호(洞庭)가 있었느니라.

● 동정호(洞庭湖)는 중국에서는 가장 큰 호수로 곤명지와 갈석산, 거야를 비롯하여 이름난 명승지들이다.

**운율(韻律)** 曠遠綿邈하고 巖岫杳冥하리라.

## 161

曠遠綿邈

| 日 - 19획 | 辶 - 14획 | 糸 - 14획 | 辶 - 18획 | 평가 |
|---|---|---|---|---|
| 曠 | 遠 | 綿 | 邈 | |
| 빌 광 | 멀 원 | 솜 면 | 멀 막 | |
| 日 日' 旷 晧 曠 曠 曠 | 十 土 吉 责 袁 遠 遠 | 糸 紹 紹 綿 綿 綿 | 豸 豸' 豸' 貌 邈 邈 | |

옷(衣)을 치렁치렁하도록 입고 길(吉)함을 얻기 위해 멀리 가는(辶) 나그네의 형상을 본뜬 글자이다.

**풀이** 광원면막 : 이 모든 산야가 광활하고 아득함(曠) 속에 머리(遠) 펼쳐져 면면히 잇따라(綿) 있어 대지의 모습은 보다 멀고도(邈) 아득하구나,

● 여기서 면막은 멀리까지 면면히 이어져 있음을 말한 것이고 광원은 온통 텅빈 세상처럼 멀리까지 보임을 뜻한 말인데 곧 광활한 구주(九州)를 노래한 것이다.

## 162

巖岫杳冥

| 山 - 23획 | 山 - 8획 | 木 - 8획 | 宀 - 10획 | 평가 |
|---|---|---|---|---|
| 巖 | 岫 | 杳 | 冥 | |
| 바위 암 | 묏뿌리 수 | 아득할 묘 | 어두울 명 | |
| 岩 岩 岸 巌 巖 巖 巖 | 山 屮 屮 屮 屮 岫 岫 | 一 十 才 木 杳 杳 杳 | 冖 冖 冝 冝 冥 冥 冥 | |

산(山)의 정상에는 바위(口口)와 바위들 그리고 언덕(厂)들로 이어져(敢) 있다는 의미의 글자이다.

**풀이** 암수묘명 : 그야말로 구주(九州)는 큰 산에 우람하게 치솟은 기암괴석(巖)들과 봉우리(岫)마다 가물가물(冥) 아득(杳)하여 그 자태가 영원히 의연하리라.

● 구주(九州)는 부연하여 말하자면 본문의 구주우적 백군진병(九州禹跡 百郡秦幷)에 설명했듯이 상고시대(上古時代) 우(禹)임금의 발자취인 것이다.

**운율(韻律)** 治本於農이니 務玆稼穡하니라.

## 163

慶農農

새벽별(辰)이 보이는 이른 아침에 농삿일을 보기 위해 꾸불꾸불(曲)한 논길을 가는 농부의 형상을 본뜬 글자이다.

| 氵-8획 | 木-5획 | 方-8획 | 辰-13획 | 평가 | |
|---|---|---|---|---|---|
| 治 | 本 | 於 | 農 | | |
| 다스릴 치 | 근본 본 | 어조사 어 | 농사 농 | | |
| 氵氵氵氵治治治 | 一十才木本 | 一亠方方於於於 | 曲曲曲農農農農 | | |

**풀이** 치본어농 : 농사(農)를 잘 짓는 것(於)은 나라를 다스리는(治) 근본(本)이요 곳간이 넉넉한 다음에야 백성들은 예절을 생각할 것이니,

● 산업이 발달하지 못한 옛날에는 농업이 근본인 농본주의였고 곧 이것이 치본(治本)의 근간이기도 한 전제군주시대의 특징이기도 했다.

## 164

玆稼務

창이나 무기(矛)를 휘두르듯(攵) 어떤 일에 애쓰고 힘(力)쓰는 형상을 본뜬 글자이다.

| 力-11획 | 玄-10획 | 禾-15획 | 禾-18획 | 평가 | |
|---|---|---|---|---|---|
| 務 | 玆 | 稼 | 穡 | | |
| 힘쓸 무 | 이 자 | 심을 가 | 거둘 색 | | |
| 矛矛矛矛務務 | 二玄玄玄玆玆玆 | 禾禾禾稼稼稼 | 禾禾禾穡穡穡 | | |

**풀이** 무자가색 : 힘써 일할 것은(務) 이(玆)처럼 정성을 다해서 농사 짓기를 잘하여 가꾸고(稼) 거두어 들이면(穡) 백성이 모두 편안하고 나라 또한 태평할 것이니라.

● 여기서 稼와 植이 같은 의미의 말인데 식별하자면 가(稼)는 씨앗을 뿌려서 심는 것이고 식(植)은 묘목이나 모종을 손을 사용해 직접 심는다는 뜻이다.

**운율(韻律)** 俶載南畝하니 我藝黍稷하니라.

## 165

俶 — 人 - 10획 — 비로소 숙
載 — 車 - 13획 — 실을 재
南 — 十 - 9획 — 남녘 남
畝 — 田 - 10획 — 이랑 묘

화초(十=土=艸 의 변형) 남쪽으로 가면 갈수록 고온다습하여 무성하다는 의미의 글자이다.

**풀이** 숙재남묘 : 이렇듯 남쪽(南)으로 부터 봄이 오면 밭이랑(畝)에 씨뿌리기(俶)를 하여 곡식을 가득(載) 심으니,

● 시경(詩經) 소아편(小雅篇)에 대전(大田)이라는 시의 일부 마지막 구절에는 이렇게 노래하고 있다.(상략) 播厥百穀, 旣庭且碩, 曾孫是若(파궐백곡, 기정차석, 종손시약)이라.

## 166

我 — 戈 - 7획 — 나 아
藝 — 艸 - 19획 — 재주 예
黍 — 禾 - 12획 — 기장 서
稷 — 禾 - 15획 — 피 직

손(手)에 창(戈)을 들고 휘두른 것이 바로 나 자신이라는 의미의 글자이다.

**풀이** 아예서직 : 저마다 나는(我) 차(찰)지지 않고 메진 메기장(黍)과 찰기 있는 찰기장(稷)을 조상의 제사에 올릴 정성으로 심어 가꾸니(藝) 백성 모두가 의욕에 차있구나.

● 위의 시 해설로 온갖 곡식들의 씨앗을 뿌리니, 막 돋아나는 새싹들은 곧고도 꿋꿋하네, 새싹은 씩씩하고 무성하게 자라나네.

**운율(韻律)** 稅熟貢新하니 勸賞黜陟하였느니라.

## 167

稅熟貢新

| 禾 - 12획 | 火 - 15획 | 貝 - 10획 | 斤 - 13획 |
|---|---|---|---|
| 稅 | 熟 | 貢 | 新 |
| 세금 세 | 익을 숙 | 바칠 공 | 새 신 |
| 千 禾 禾 秈 和 秒 稅 | 亨 享 孰 執 孰 熟 | 一 丅 亓 亓 盲 貢 貢 | 亠 亠 辛 亲 新 新 新 |

가을에 여문 벼(禾)를 거두어들여 곧은(兌) 마음으로 일부를 세금으로 바치는 농부의 형상을 본뜬 글자이다.

**풀이** 세숙공신 : 곡식들이 익어(熟) 가을에 수확하면 일부를 세금(稅)으로 기쁘게 나라에 바침(貢)으로 나라에서는 그 햇곡식(新)으로 종묘에 제사하였으니.

● 공신(貢新)은 그 해 수확한 햇곡식의 일부를 나라에 바치는 것을 말하며 이것은 곧 세금이다.

## 168

勸賞黜陟

| 力 - 20획 | 貝 - 11획 | 黑 - 17획 | 阝 - 10획 |
|---|---|---|---|
| 勸 | 賞 | 黜 | 陟 |
| 권할 권 | 상줄 상 | 내칠 출 | 오를 척 |
| 艹 苩 莒 雚 雚 勸 勸 | 宀 当 尚 常 賞 賞 賞 | 罒 黑 黑 黑 黑 黜 黜 | 阝 阝' 阝' 阝' 陟 陟 陟 |

인간에게 이로움을 주기 위해 황새가 애써(力) 권하듯 우는 형상을 본뜬 글자이다.

**풀이** 권상출척 : 조정에서는 백성들이 농삿일에 전념할 수 있도록 선정으로 격려하고 베푼 관리에게는 상(賞)을 주고(勸) 또한 관직을 높여(陟) 주기도 하고 내치기(黜)도 하여 나라의 기강을 농본에 두어 바로 세웠느니라.

● 권상이라함은 나라에서 권하고 격려하여 잘한 이에게 상을 줌을 말한다.

**운율(韻律)** 孟軻敦素하였고 史魚秉直하였느니라.

### 169

孟 (맏 맹)

아들(子) 중 맏이가 먼저 큰 욕조(皿)에서 몸을 씻는다는 의미의 글자이다.

| 子 - 8획 | 車 - 12획 | 攵 - 12획 | 糸 - 10획 | 평가 | |
|---|---|---|---|---|---|
| 孟 | 軻 | 敦 | 素 | 孟 軻 敦 素 | |
| 맏 맹 | 수레 가 | 두터울 돈 | 흴 소 | | |
| 丁子孟孟孟孟孟 | | 亠亠亨亨亨敦 | | 孟 軻 敦 素 | |
| 亘車車軻軻軻軻 | | 二丰丰素素素素素 | | | |

**풀이** 맹가돈소 : 맹자(孟)의 이름은 가(軻)인데 그의 언행은 언제나 어질고 도타웠으며(敦) 진실되고 소박(素)하여 천부(天賦)의 소성(素性)을 지키기 위하여 돈소성(敦素性)을 제창하였고,

● 맹자는 전국시대(戰國時代) 추(鄒)나라 사람으로 공자(孔子)의 제자인 동시 손자인 자사(子思)의 문하(門下)에서 수학(修學)하여 후에 성선설(性善說)을 주장했다.

### 170

魚 (물고기 어)

잡은 물고기의 형상으로 어탁에 나타난 물고기의 머리·몸·꼬리의 형체를 그린 글자이다.

| 口 - 5획 | 魚 - 11획 | 禾 - 8획 | 目 - 8획 | 평가 | |
|---|---|---|---|---|---|
| 史 | 魚 | 秉 | 直 | 史 魚 秉 直 | |
| 사기 사 | 물고기 어 | 잡을 병 | 곧을 직 | | |
| 丶口口史史 | | 一一一一三事事秉 | | 史 魚 秉 直 | |
| 夕夕夕角角魚魚 | | 一十十古古直直直 | | | |

**풀이** 사어병직 : 위(衛)나라 대부였던 사어(史魚)는 한치의 어긋남도 없는 올바르고 곧은(直) 마음을 굳게 지켜(秉) 나라의 기강을 바로 세웠느니라.

● 사어는 위나라 영공 때 대부로 영공이 어진 신하(거백옥)를 내치고 미지하를 등용하는 것을 직간하였고 죽어서도 시신(屍身)인 몸으로 직간하여 영공의 잘못을 뉘우치게 하였다.

**운율(韻律)** 庶幾中庸하려면 勞謙謹勅하느니라.

## 171

庶 (广 - 11획) 幾 (幺 - 12획) 中 (丨 - 4획) 庸 (广 - 11획)

| 여럿 서 | 몇 기 | 가운데 중 | 떳떳할 용 |
|---|---|---|---|
| 亠广广庐庐庶庶 | | 丨口中 | |
| 幺 丝 丝 丝 丝 幾 幾 | | 亠广广户户肩肩庸 | |

어리석은 농부지민 가을(庚)이 되면 곡식들을 수확하여 베푸는 씀씀이(用)가 떳떳하다는 의미의 글자이다.

**풀이** 서기중용 : 맹자나 사어처럼 중용(中庸)을 지킨 것에 가깝게 그 경지에 도달하려면(庶幾),

● 서기(庶幾)는 역경(易經)의 안씨지자 기태서 기호(顏氏之子 其殆庶幾乎)라는 말에 나온 말로 '거의, 거의~하다'의 뜻인데 여기서는 중용의 경지에 '거의~가깝다'라고 해석된다.

## 172

勞 (力 - 12획) 謙 (言 - 17획) 謹 (言 - 18획) 勅 (力 - 9획)

| 수고할 로 | 겸손할 겸 | 삼가할 근 | 칙서 칙 |
|---|---|---|---|
| 丶丷兴兴썬엇勞 | | 言計評評評謹謹 | |
| 言計評評評謙謙 | | 一口申束束勅勅 | |

벼를 양손에 아울러 잡고 입가에는 흐뭇하고 말이 겸손한 농부의 형상을 본뜬 글자이다.

**풀이** 노겸근칙 : 힘써 일하고(勞) 사양할 줄 아는 겸손(謙)함으로 매사 삼가하고 조심하여 행하는(謹勅)것을 칙서(勅)처럼 우선하고 경계해야 하느니라.

● 역경(易經)의 겸괘(謙卦)에 이르기를 勞謙君子有終吉 象曰 勞謙君子萬民服也(노겸군자유종길 상왈 노겸군자만민복야)라 공로를 사양할 줄 아는 군자는 군주에게 해함을 받지 않고 생을 온전히 마칠 수 있으며 상에 이르길 그런 겸손한 군자는 만민이 복종하게 된다함이다.

## 운율(韻律) 聆音察理하며 鑑貌辨色하여야 하느니라.

### 173

聆察察

사당(宀)에서 제사(祭)를 지낼 때 정성을 다해야 하는데 부족함이 없는지 잘 살펴야 한다는 의미의 글자이다.

| 耳 - 11획 | 音 - 9획 | 宀 - 14획 | 王 - 11획 | 평가 |
|---|---|---|---|---|
| 聆 | 音 | 察 | 理 | |
| 들을 령 | 소리 음 | 살필 찰 | 이치 리 | |
| F F 耳 耵 聆 聆 聆 | 宀 宀 宀 宲 察 察 | | | |
| 亠 立 产 音 音 音 | 王 玎 玾 珇 理 理 | | | |

**풀이** 영음찰리 : 남들과 이야기할 때에는 말하는 이의 음성(音)만 듣고도(聆) 그 사람 의중까지 살펴(察)이해할 줄 알아야 하며,

● 논어(論語) 양화편(陽貨篇)에 子曰 巧言令色 鮮矣仁(자왈 교언영색 선의인)이라 '공자께서 이르시길 교묘하고 약삭빠른 말과 거짓 아부로 가식적인 사람은 인(仁)을 갖춘 이가 드물다'했다.

### 174

鑑辨辨

서로 싸우고 있는(辛) 사람 사이에서 과일을 칼(刀)로 짜르듯 명확하게 분별해 준다는 의미의 글자이다.

| 金 - 22획 | 豸 - 14획 | 辛 - 16획 | 色 - 6획 | 평가 |
|---|---|---|---|---|
| 鑑 | 貌 | 辨 | 色 | |
| 살필 감 | 모양 모 | 분별할 변 | 빛 색 | |
| 金 鈩 鋻 鋻 錯 鑑 鑑 | 亠 辛 辛 护 辦 辨 辨 | | | |
| 豸 豸 豸 豹 貊 貊 貌 | ノ ク 夕 刍 各 色 | | | |

**풀이** 감모변색 : 그 사람의 얼굴 표정(貌)만 보고도(鑑) 싫어하고 좋아하는 것인지 기색(色)을 보아 분별(辨)할 줄 아는 진지함이 있어야 하느니라.

● 예기(禮記) 표기편(表記篇)에 子曰 君子不失足於人 不失色於人 不失口於人(자왈 군자불실족어인 불실색어인 불실구어인)이라 '공자께서 말씀하시되 군자는 사람들에게 바른 행실을 잃지 않고 사람들에게 온화한 얼굴을 잃지 않으면 사람들에게 말로 실수하지 않는다고 했다.

**운율(韻律)** 貽厥嘉猷하여 勉其祗植하라.

## 175

嘉

어진 선비의 말은 언제나 길(吉)한 말(言)로 사람들에게 힘(力)을 주는 말로 아름다운 말(口)이다라는 의미의 글자이다.

| 貝 - 12획 | 厂 - 12획 | 口 - 14획 | 犬 - 13획 | 평가 | | |
|---|---|---|---|---|---|---|
| 貽 | 厥 | 嘉 | 猷 | | | |
| 끼칠 이 | 그 궐 | 아름다울 가 | 꾀 유 | | | |
| 貝貝貽貽貽貽 | 一厂厂厥厥厥 | 吉直車嘉嘉嘉 | 合酉酋酋猷猷 | | | |

**풀이** 이궐가유 : 이같이 아름다운 덕성이나 교훈(嘉猷)이 있다면 자손들에게 남기어(貽厥),

● 여기서 이궐은 좋은 처세나 훌륭한 계책, 교훈 따위를 후손에게 물려 준다는 의미의 말이다. 가유는 아름다운 계책, 훌륭한 계책 따위를 말한다.

## 176

植

구덩을 파고 곧게(直) 심은 묘목(木)이 자라 나중에는 큰 나무가 된다는 의미의 글자이다.

| 力 - 9획 | 八 - 8획 | 示 - 10획 | 木 - 12획 | 평가 | | |
|---|---|---|---|---|---|---|
| 勉 | 其 | 祗 | 植 | | | |
| 힘쓸 면 | 그 기 | 공경 지 | 심을 식 | | | |
| 夕名多免勉勉 | 一十十廿甘其其其 | 二于示祀祗祗祗 | 木朳朾柿植植植 | | | |

**풀이** 면기지식 : 길이 길이 권면(勉)하기를 힘쓴다면 그것이(其) 곧 신하로서는 임금을 공경으로 섬기는(祗) 근본이 될 것이며 자손들에게는 효행과 덕목을 심어(植) 주는 가르침이 될 것이니라.

● 권기는 '애쓰고 힘쓴 그것이'이라는 뜻이고 지식은 효행 등을 공경으로 섬김의 덕목을 심어 준다는 뜻이다.

**운율(韻律)** 省躬譏誡하며 寵增抗極하여야 하느니라.

## 177

省 躬 譏 誡

- 目 - 9획 / 身 - 10획 / 言 - 19획 / 言 - 14획
- 살필 성 / 몸 궁 / 나무랄 기 / 경계할 계
- 丿丨少肖省省
- 丿丨身身身躬
- 言計詳詳譏譏譏
- 言計訐訐誡誡誡

작은 것(小)이라도 뚫(丿)어 자세히 살피듯(目) 어디 잘못은 없는지 반성하는 형상을 본뜬 글자이다.

**풀이** 성궁기계 : 군자는 언행을 스스로 몸소 살펴(省躬) 허물이 있거든 스스로 꾸짖고(譏) 다시는 그런 잘못이 없도록 경계(誡)해야 할 것이며,

● 성궁이라함은 자기의 행실을 뒤돌아 보며 잘못함이 없었는지 몸소 살핀다는 뜻이고 여기서 기(譏)는 스스로 자신을 비판한다는 것이고 계(誡)는 스스로 삼가한다는 뜻이다.

## 178

寵 增 抗 極

- 宀 - 19획 / 土 - 15획 / 扌 - 7획 / 木 - 13획
- 사랑할 총 / 더할 증 / 항거할 항 / 지극할 극
- 宀宀宁宵宵宵寵寵
- 土圹圻坩增增
- 一十扌扩扩抗
- 木术杧柯柯極極

그 자리를 차지하고 있는 관리의 오판에 항거하고(手) 시시비비를 겨루는 사람의 형상을 본뜬 글자이다.

**풀이** 총증항극 : 벼슬길에 나아가서는 임금의 총애가 깊어질수록(寵增) 교만해져 항명(抗)이 돋아나 극에(極)에 달하지는 않을까 스스로 경계하고 경계해야 하느니라.

● 여기서 총증은 '자기 자신이 윗분의 총애가 커질수록'이란 뜻이고 항극은 본분을 잃고 극단에 도달함을 뜻한 말이다.

**운율(韻律):** 殆辱近恥되니 林皐幸卽하여야 하느니라.

## 179

| 歹 - 9획 | 辰 - 10획 | 辶 - 8획 | 耳 - 10획 | 평가 |
|---|---|---|---|---|
| 殆 | 辱 | 近 | 恥 | |
| 위태할 태 | 욕될 욕 | 가까울 근 | 부끄러울 치 | |
| ㄱ ㄊ ㄊ 歹 殆 殆 殆 | | ´ ㄏ ㄏ 斤 斤 近 近 | | |
| 一 厂 辰 辰 辰 辱 辱 | | 一 下 F 耳 恥 恥 恥 | | |

남의 귀(耳)에 대고 남의 험담을 하는 것은 그 사람의 마음(心)이 뒤틀린 부끄러운 일이라는 의미의 글자이다.

**풀이** 태욕근치 : 이처럼 윗사람의 총애가 깊어진다고 하여 자신을 살피지 못하면 치욕스러움(恥)이 가까이(近) 이르게 되고 결국 그 욕(辱)됨으로 위태로운(殆) 지경에 이르게 될 것이니,

● 시황제가 죽자 조고의 농간으로 태자 부소를 자결케 하고 막내 호해를 허수아비 황제로 등극하게 하여 후에 충신 이사를 모함하다 삼족의 멸문지화를 당했다.

## 180

| 木 - 8획 | 白 - 11획 | 土 - 8획 | 卩 - 9획 | 평가 |
|---|---|---|---|---|
| 林 | 皐 | 幸 | 卽 | |
| 수풀 림 | 언덕 고 | 다행 행 | 곧 즉 | |
| 十 才 木 村 材 林 | | 一 十 土 卉 吏 幸 幸 | | |
| ´ ㄇ 白 皐 皐 皐 皐 | | ㄇ 白 白 皀 皀 卽 卽 | | |

크고 작은 나무(木)들이 빼곡히 들어선 수풀의 형상을 본뜬 글자이다.

**풀이** 임고행즉 : 스스로의 경계를 게을리 말아야 하며 물러날 때를 잘 알아서 숲이(林) 우거진 언덕 아래(皐)서 유유자적함이 곧(卽) 즐거운(幸) 삶일 것이니라.

● 이사(李斯)는 시황제를 도와 천하통일의 공을 세운 인물로 삼공(三公) 승상(丞相)에서 더 이상의 욕심을 버리고 그 자리에서 물러나 욕됨이 없게 되었다.

**운율(韻律)**: 兩疏見機하니 解組誰逼하랴.

## 181

兩疏見機

| 入 - 8획 | 疋 - 12획 | 見 - 7획 | 木 - 16획 |
|---|---|---|---|
| 두 량 | 성길 소 | 볼 견 | 기회 기 |
| 一丁币丙兩兩兩 | 了了正疋疋疏疏 | 丨冂冂月目見見 | 木 杙 桦 榿 機 機 機 |

저울추에 양쪽 물건의 무게를 재는 형상을 본뜬 글자로 두 그릇에 들어 있는 것(入)은 곡식이나 고기 등이다.

**풀이** 양소견기 : 태자의 큰 스승인 소광(疏廣)과 그 소광의 조카 소수(疏受)는 작은 사부로 이들을 양소(兩疏)라 했는데 적당한 때를 보아(見機),

● 소광은 전한(前漢) 선제(宣帝) 때 박사였던 인물로 양소는 태부(太傅)와 소부(小傅)였고 당시 2천 석의 봉록도 마다하고 적당한 때 물러났다.

## 182

解組誰逼

| 角 - 13획 | 糸 - 11획 | 言 - 15획 | 辶 - 13획 |
|---|---|---|---|
| 풀 해 | 짤 조 | 누구 수 | 핍박할 핍 |
| 角角卸解解解 | 亠言言計計許誰 | 丨彳纟糸紀組組 | 口므亩畐畐逼逼 |

조롱에 갇혀 있는 저 새(隹)는 누구의 새냐고 묻(言)는 사람의 형상을 본뜬 글자이다.

**풀이** 해조수핍 : 미련없이 물러나고자 인끈을 풀어놓고(解) 고향으로 내려가버렸으니 누가(誰) 이들을 속박하거나(組) 모함하여 핍박(逼)할 수 있으랴.

● 이렇게 숙질간인 양소는 몸소 때를 보아 물러났음으로 조정에서 시기하는 무리들로 부터 피할 수 있었으며 평안한 여생을 즐길 수 있었다고 한다. 인끈이란 병권을 가진 벼슬아치가 병부 주머니에 매달아 차던 길고 넓적한 녹바끈이다.

## 운율(韻律): 索居閑處하니 沈默寂寥하도다.

### 183 閑

| 糸 - 10획 | 尸 - 8획 | 門 - 12획 | 虍 - 11획 | 평가 |
|---|---|---|---|---|
| 索 | 居 | 閑 | 處 | |
| 동아줄 삭 | 살 거 | 한가할 한 | 곳 처 | |
| 十 卉 亩 壺 索 索 索 | 一 コ ア 尸 尸 居 居 | 丨 冂 冋 門 門 閑 閑 | 亠 广 卢 虍 虐 處 處 | |

한가로워 지면 대문(門)에 나무(木)로 만든 빗장을 거는데 그 형상을 본뜬 글자이다.

**풀이** 삭거한처 : 그렇듯 세상의 명예와 덧없는 욕심을 미련없이 벗어 던지고 한적한 곳(閑處)을 찾아(索) 시름을 잊고 은거(居)하니,

● 후대 당(唐)나라 시인 이백(李白)의 시에서 이 구(句)의 분위기를 실감있게 표현되고 있다.(상략) 裸袒靑林中, 脫巾掛石壁, 露頂麗松風(나단청림중, 탈건괘석벽, 노정쇄송풍)이라.

### 184

| 氵 - 7획 | 黑 - 16획 | 宀 - 11획 | 宀 - 14획 | 평가 |
|---|---|---|---|---|
| 沈 | 默 | 寂 | 寥 | |
| 잠길 침 | 잠잠할 묵 | 고요할 적 | 고요할 료 | |
| 丶 冫 氵 汀 沙 沈 | 宀 宁 宇 宇 宋 寂 寂 | | | |
| 日 甲 里 黑 黑 默 默 | 宀 宁 宇 宇 宲 寥 寥 | | | |

흙빛(黑) 아궁이에 불이 타고 있는데 그 곁에 묵묵하고 잠잠히 개가(犬) 누워있는 형상을 본뜬 글자이다.

**풀이** 침묵적료 : 구구한 말을 굳이 할 필요없는 침묵(沈默)을 자연이 텅 빈(寥) 여유로움으로 고요히(寂) 안아 주는 것 같도다.

● (위의 이백의 시 해설) 숲속으로 들어가 벌거숭이가 되자, 건(巾)을 벗어서 석벽에 걸고, 머리를 헤쳐 솔바람을 쐬자.

## 운율(韻律) 求古尋論하니 散慮逍遙하누나.

### 185

論 論 論

고서인 서책에서 성인들의 말씀(言)들을 접하고 난 후 서로 의논하고 논의하는 형상을 본뜬 글자이다.

| 水 - 7획 | 口 - 2획 | 寸 - 12획 | 言 - 15획 | 평가 | |
|---|---|---|---|---|---|
| 求 | 古 | 尋 | 論 | | |
| 구할 구 | 옛 고 | 찾을 심 | 의논할 론 | | |
| 一十十才求求 | ㄱㄱㅋ君君尋尋 | | | | |
| 一十十古古 | 言訃訃訃論論論 | | | | |

**풀이** 구고심론 : 이미 세상의 번거로움 따위는 벗어 버렸으나 옛(古) 서책들을 구해(求) 그 속에서 진리와 도를 찾아(尋) 옛 성현들과 시간을 초월해 담론(論)하면서,

● 求와 救는 동음으로 뜻조차 같지만 엄밀히 알자면 구(求)는 '무엇을 찾다, 무엇을 청하다'이고 구(救)는 '어려움에 빠지는 사람을 구하다'라는 뜻으로 달리 쓰인다.

### 186

慮 慮 慮

호랑이(虎)를 잡기 위해서는 생각(思)만 가지고서는 않되고 달래고 배풀어서 잡는다는 의미의 글자이다.

| 攵 - 12획 | 心 - 15획 | 辶 - 11획 | 辶 - 14획 | 평가 | |
|---|---|---|---|---|---|
| 散 | 慮 | 逍 | 遙 | | |
| 흩어질 산 | 생각할 려 | 노닐 소 | 멀 요 | | |
| 艹艹昔昔昔散散 | 亠广虍虐虐慮慮 | | | | |

**풀이** 산려소요 : 사람들이 갖는 일상의 근심·걱정(慮) 따위는 떨쳐(散) 버리고 고요히(遙) 노니누나(逍).

● 여기서 무릉도원(武陵桃源)이 연상되겠지만 장자(莊子)의 시 한 편을 소개한다. 居不知所爲, 行不知所爲, 含哺而熙, 鼓腹而游(거부지소위 행부지소지 함포이희 고복이유)라 거처하면서도 어떻게 사는 줄 모르며, 행하면서도 어떻게 하는 줄 모르며, 먹을 것 한껏 먹고, 배를 두드리며 노닌다.

**운율(韻律)**: 欣奏累遣이니 感謝歡招하는구나.

## 187

欣奏累遣

| 欠 - 8획 | 大 - 9획 | 糸 - 11획 | 辶 - 14획 |
|---|---|---|---|
| 기쁠 흔 | 아뢸 주 | 여러 루 | 보낼 견 |
| ノ ハ ト ト㇀ 㐰 㭘 欣 | 三 丰 夫 表 表 奏 奏 | 田 甲 甼 眔 累 累 累 | 中 虫 串 书 昔 遣 遣 |

발길(田)이 여러 갈래로 실같(糸)이 갈라진 형상을 본뜬 글자이다.

**풀이** 흔주루견 : 자연 속에서 한가로이 노닐어 마음이 평안해지고 기쁨들이(欣) 모여 들어(奏) 여러 번거로움(累)들이 사라져(遣),

● 흔주는 흔히(欣喜) 곧 즐거움과 기쁨들이 자신도 모르는 사이 자주 찾아온다는 말. 누견(累遣)은 여러 번거로운 것들을 멀리 보내버린다는 뜻이다.

## 188

感謝歡招

| 心 - 15획 | 言 - 17획 | 欠 - 22획 | 扌 - 8획 |
|---|---|---|---|
| 슬플 척 | 사례할 사 | 기쁠 환 | 부를 초 |
| ノ 厂 戌 戌 戌 感 感 | 艹 芇 荁 蘳 歡 歡 歡 |
| 言 訁 訃 詶 謝 謝 謝 | ㇀ 才 打 扚 抈 招 招 |

감사하다는 사례의 말(言)은 활을 쏠(射)때의 진지한 마음처럼 해야 한다는 의미의 글자이다.

**풀이** 척사환초 : 이렇듯 세상의 속된 욕심들을 버리고 나니 슬픔(慼)보다 불러 일으켜 지는(招) 기쁨(歡)들로 하늘에 감사(謝)하는 마음이 절로 나게 되는구나.

● 여기서 사(謝)는 '감사'의 뜻이 본래이지만 '바뀌다, 사양하다'의 뜻도 있어 슬픔이 바뀐다라고 해석된 것을 의역하여 '슬픔보다'로 풀이 하였고 '감사하다'의 본래의 뜻도 함께 표현하였다.

100 천자문

**운율(韻律)**: 渠荷的歷이고 園莽抽條하구나.

## 189

渠荷的歷

| 氵-12획 | 艹-11획 | 白-8획 | 止-16획 | 평가 |
|---|---|---|---|---|
| 渠 | 荷 | 的 | 歷 | |
| 개천 거 | 연(꽃) 하 | 과녁 적 | 지낼 력 | |
| 氵氵江洰洰渠渠 | 一十艹艹苻荷 | 丿白白白的的 | 一厂厂厍麻麻歷歷 | |

풀(艹)을 베어 지게에 얹어 그 짐을 지고(何) 가는 나뭇꾼의 형상을 본뜬 글자이다.

**풀이** 거하적력 : 개천(渠)에는 연꽃(荷)들이 아름답게 피어 반기는 이런 곳이야말로 남은 세상을 지내기에(歷) 참(的) 좋은 곳이로고,

● 거하의 본뜻은 개천가에 만개한 연꽃을 말하겠지만 자연의 풍광으로 넓혀 이해할 필요가 있다. 자연의 품은 본성(本性)의 고향이기 때문이다.

## 190

園莽抽條

| 囗-13획 | 艹-12획 | 扌-8획 | 木-11획 | 평가 |
|---|---|---|---|---|
| 園 | 莽 | 抽 | 條 | |
| 동산 원 | 풀 망 | 뽑을 추 | 가지 조 | |
| 冂門門周周園園 | 艹艹艾艾莽莽 | 一扌扌扣抽抽 | 亻𠂉㐰侊俢俢條 | |

잘 익은(由) 과일 등을 손(手)으로 따듯 어떤 사물을 양질의 것으로 뽑는다는 의미의 글자이다.

**풀이** 원망추조 : 동산(園)에는 새싹(莽)들이 어느덧 자라 가지(條)들은 줄기에서 내뻗어(抽) 한창 우거져 있구나.

● 여기서 해석들이 분분하지만 원망(園莽)을 동산의 풀로 이해할 수도 있지만 '동산에는 풀같은 새싹이'라고 풀이하는 것이 시적인 이 절구(節句)에 있어 자연스럽다 여겨 진다.

# 천자문 101

**운율(韻律)**: 枇杷晚翠이고 梧桐早凋이구나.

## 191

| 木 - 8획 | 木 - 8획 | 日 - 11획 | 羽 - 14획 | 평가 |
|---------|---------|----------|----------|------|
| 枇 | 杷 | 晚 | 翠 | |
| 나무 비 | 나무 파 | 늦을 만 | 푸를 취 | |

하루 해(日)가 저물어가는 늦은 시각에 덫에 걸린 토끼(兎)가 자기 꼬리를 자르고 나서 겨우 살아났다는 의미의 글자이다.

**풀이**: 비파만취 : 비파나무(枇杷)의 잎들은 높은 절개를 표상하듯 오래도록(晚) 푸르르고(翠),

● 본 천자문에 많은 사물들로 비유한 데는 자가(주흥사)의 숨은 의도가 있다. 같은 자를 반복할 수도 없고 절개를 표현함에 있어 이미 앞에 쓰임이 있었던 글자들을 대신하였다고 이해할 필요가 있다.

## 192

| 木 - 11획 | 木 - 10획 | 日 - 6획 | 冫 - 10획 | 평가 |
|----------|----------|---------|----------|------|
| 梧 | 桐 | 早 | 凋 | |
| 오동 오 | 오동 동 | 이를 조 | 시들 조 | |

이른 아침에 해(日)가 바다의 수면 위로 떠오르고 바다에는 그 빛이 나누어(十)지듯 빛나는 형상을 본뜬 글자이다.

**풀이**: 오동조조 : 오동나무(梧桐)의 잎들은 간교의 결말을 증험하듯 오래가지 못해(早) 시들어(凋) 버리는 구나.

● 여기서 오동나무 잎들이 쉽게 시든다고 풀이한 것은 위의 구(句)를 강조하기 위한 대구(對句)로써 의미를 격하시켰고 위의 절개의 뜻을 높이 격상시켜 풀이하였다.

## 운율(韻律) 陳根委翳하고 落葉飄颻하구나.

### 193

| 阝-11획 | 木-10획 | 女-8획 | 羽-17획 | 평가 |
|---|---|---|---|---|
| 陳 | 根 | 委 | 翳 | |
| 묵을 진 | 뿌리 근 | 맡길 위 | 가릴 예 | |
| 阝阿阿阿陳陳陳 | 木 杧 杧 杧 根 根 根 | 二千千禾委委委 | 医殹殹殹毉翳翳 | |

무르익은 벼(禾)처럼 여인(女)이 남편의 품에 몸을 맡기는 형상을 본뜬 글자이다.

**풀이** 진근위예 : 겨울이 찾아오면 초목들은 생명의 기운을 묵은(陳) 뿌리(根)에 모아 맡기고(委) 숨어(翳)서 긴 겨울을 준비하려는 듯하고,

● 진(陳)은 '진부하다'를 우회하여 '묵다, 오래되어 낡다'의 의미로 풀이된다. 그래서 진근(陳根)을 '묵은 뿌리, 묵은 오래된 뿌리'로 해석할 수 있다.

### 194

| 艹-13획 | 艹-13획 | 風-20획 | 風-20획 | 평가 |
|---|---|---|---|---|
| 落 | 葉 | 飄 | 颻 | |
| 떨어질 락 | 잎사귀 엽 | 날릴 표 | 날릴 요 | |
| 艹艹艹汋汋洛落 | 艹艹艹苙笹荁葉 | 覀票票票飄飄飄 | 夅夅刹颻颻颻颻 | |

새싹(艹)이 자라 많은(世) 잎을 가진 큰 나무(木)가 되는 형상을 본뜬 글자이다.

**풀이** 낙엽표요 : 무성했던 잎(葉)들도 낙엽이 되어 떨어져서(落) 세찬 회오리바람(飄)에 흩어져 날리는 (颻)구나.

● 초겨울의 싸늘하고 을시년한 뜰에 세찬 바람은 이따금씩 회오리바람으로 돌변하여 낙엽은 물론 앞서 말한 바 있지만 자연의 풍광을 빌어 진세의 흥망성쇠를 말하고 있다고 의역해서 생각하면 보다 이해가 깊어질 수 있다.

**운율(韻律):** 遊鯤獨運하니 凌摩絳霄하구나.

## 195

獨

獨獨獨

개(犬)와 닭(蜀)을 함께 두면 서로 싸우기 때문에 각각 홀로 두어야 한다는 의미의 글자이다.

| ⻌ - 13획 | 魚 - 19획 | 犭 - 16획 | ⻌ - 13획 | 평가 |
|---|---|---|---|---|
| 遊 | 鯤 | 獨 | 運 | |
| 놀 유 | 곤이 곤 | 홀로 독 | 움직일 운 | |
| 一 亻 方 方 斿 遊 遊 | 犭 犭 犭 獨 獨 獨 | | | |
| 魚 魛 鮕 鮕 鯤 鯤 鯤 | 冖 冖 冃 冒 軍 運 運 | | | |

**풀이** 유곤독운 : 만상의 기운이 쓸쓸해지고 고니새(鯤)만이 홀로(獨) 남아 황량한 하늘을 빙빙 돌며(運) 노닐고(遊) 있는데,

● 곤(鯤)은 고니새를 말함인데 기러기목(目) 오릿과의 물새로 떼지어 해안이나 연못에 서식하며 부리는 검고 온몸이 희다. 일명 백조(白鳥)를 말한다.

## 196

摩

摩摩摩

언덕 아래서 불린 삼나무(麻) 대의 껍질을 벗기기 위해 손(手)으로 만지면서 문지르는 형상을 본뜬 글자이다.

| 冫 - 10획 | 手 - 15획 | 糸 - 12획 | 雨 - 15획 | 평가 |
|---|---|---|---|---|
| 凌 | 摩 | 絳 | 霄 | |
| 업신여길 릉 | 만질 마 | 붉을 강 | 하늘 소 | |
| 冫 冫 冫 冰 凌 凌 凌 | 糸 糹 紅 終 終 絳 | | | |
| 广 庐 麻 麼 摩 摩 | 一 示 示 雲 雲 霄 霄 | | | |

**풀이** 능마강소 : 붉게 물든(絳) 석양(霄)의 하늘을 거칠 것없는 것(凌)처럼 닿을 듯(摩) 말 듯 날고있구나.

● 강소는 붉게 물든 하늘 곧 석양(夕陽)을 말한다. (색거한처부터 여기까지는 속세의 번거러움 떨쳐 버리고 자연을 벗삼아 유유자적하는 질박한 자연의 섭리를 노래한 것이다)

## 104 천자문

**운율(韻律)** 耽讀翫市하여도 寓目囊箱했느니라.

### 197

耽讀翫市

| 耳 - 10획 | 言 - 22획 | 羽 - 15획 | 巾 - 5획 | 평가 |
|---|---|---|---|---|
| 耽 | 讀 | 翫 | 市 | |
| 즐길 탐 | 읽을 독 | 구경할 완 | 저자 시 | |

선비가 글을 읽는 듯 장삿꾼이 목청(言)을 돋구어 물건을 파는(賣) 형상을 본뜬 글자이다.

**풀이** 탐독완시 : 빈궁하여 책을 살 수 없었던 왕충(王充)은 글 읽기(讀)를 너무 좋아해서(耽) 낙양 저자거리(市)의 서점에서 책을 구경(翫)하듯 보는데도,

● 왕충은 후한(後漢) 때 중임(仲任)이라고 하는 학자였다. 낙양(洛陽)은 '도읍화하 동서이경'에서 언급했던 중국(華夏)의 2경(二京) 중 동경(東京)의 낙읍(洛邑) 곧 낙양(洛陽)을 말한다.

### 198

寓目囊箱

| 宀 - 12획 | 目 - 5획 | 口 - 22획 | 竹 - 15획 | 평가 |
|---|---|---|---|---|
| 寓 | 目 | 囊 | 箱 | |
| 붙일 우 | 눈 목 | 주머니 낭 | 상자 상 | |

광주리는 대나무(竹)로 가로 세로 서로(相) 엮어서 만든 대나무 상자다라는 의미의 글자이다.

**풀이** 우목낭상 : 눈(目)으로 한 번 본(寓) 것은 절대 잊지 않아서 그의 머릿속에는 마치 글을 담는 주머니(囊)나 상자(箱)가 있는 듯 했었느니라.

● 왕충은 당시 어지러운 세상을 개탄하여 사상집(思想集)인 논형(論衡)을 저술했는데 권선징악(勸善懲惡)과 파사현정(破邪顯正 : 사악한 것을 깨뜨리고 정의를 나타나게 함)의 내용 뿐 아니라 공자(孔子)의 사상까지 비판했다.

## 운율(韻律): 易輶攸畏하니 屬耳垣墻해야 하느니라.

### 199

| 日 - 8획 | 車 - 16획 | 攵 - 7획 | 田 - 9획 | 평가 |
|---|---|---|---|---|
| 易 | 輶 | 攸 | 畏 | |
| 쉬울 이 | 가벼울 유 | 바 유 | 두려울 외 | |
| 冂 冃 日 月 <br>  㫃 㫃 易 | 車 㪍 軒 軒 軨 輶 輶 | ㇉ イ 亻 亻 㣎 㣎 攸 | 冂 口 田 罒 罒 罘 畏 | |

카멜레온이나 도마뱀이 햇볕(日)을 받아 몸의 색깔을 쉽게 바꾸는 형상을 본뜬 글자이다.

**풀이** 이유유외 : 언행이 매사 소홀(易)하고 경솔함(輶)을 군자는 진실로 두려워해야(畏) 하는 바이니,

● 유외(攸畏)는 '진정 두려워해야 하는 바이다'의 뜻으로 여기서 유(攸)는 所와 같은 뜻으로 윗말의 내용을 잡아주는 국어의 '것'과 같은 의존명사격이다.

### 200

| 尸 - 21획 | 耳 - 6획 | 土 - 9획 | 土 - 16획 | 평가 |
|---|---|---|---|---|
| 屬 | 耳 | 垣 | 墻 | |
| 붙일 속 | 귀 이 | 담 원 | 담 장 | |
| 尸 尸 屏 屛 屬 屬 屬 | 一 T F F 耳 耳 | 土 圠 圻 垣 垣 垣 | 土 圹 坮 墥 墙 墙 墻 | |

사람의 귀를 모양대로 그려 만든 글자이다.

**풀이** 속이원장 : 말할 때는 언제나 담(垣墻)에도 누군가의 듣는 귀(耳)가 붙어(屬) 있는 것처럼 언행을 삼가해야 하느니라.

● '벽에도 귀가 있다'하는 우리 속담이 이 구(句)에서 기인(起因)한 것이 아닌가할 정도로 같은 의미이다. 그러나 여기서는 군자의 언행을 말하고 있음을 이해해야 한다.

## 운율(韻律): 具膳飱飯하니 適口充腸하느니라.

### 201

具 (갖출 구)
膳 (반찬 선)
飱 (밥 손)
飯 (밥 반)

八 - 8획 / 月 - 16획 / 食 - 13획 / 食 - 13획

재물(貝=貝의 생략형)을 두 손(八)에 받혀(一) 들고 그것을 자기의 것으로 갖추는 형상을 본뜬 글자이다.

**풀이** 구선손반 : 소찬이나마 반찬(膳)을 갖추어(具) 밥(飯)을 먹으니(飱),

● 여기서 선손(膳飱)을 구(句)에서 분리하여 푼다면 익힌 나물과 채소, 그리고 날로 무친 여러 가지 반찬을 말한다.

### 202

適 (맞을 적)
口 (입 구)
充 (채울 충)
腸 (창자 장)

辶 - 15획 / 口 - 3획 / 儿 - 6획 / 月 - 13획

도마뱀(易)의 몸(月) 속에 창자들이 꾸불꾸불 이어져 있는 형상을 본뜬 글자이다.

**풀이** 적구충장 : 비록 맛깔진 음식이 아닐지라도 입(口)에 넣기에 적당한(適) 음식이라면 창자(腸)를 채울(充) 수 있음이니라.

● 논어(論語) 술이편(述而篇)에 이런 말이 있다. 子曰, 飯疏食飲水, 曲肱而枕之, 樂亦在其中矣(자왈 반소사음수 곡굉이침지 낙역재기중의)라 공자께서 말씀하시길, 거친 밥과 나물먹고 물을 마셨을지라도, 팔베게 하고 누우니, 그 가운데 또한 즐거움이 있구나.

천자문 107

**운율(韻律)** 飽飫烹宰하고 飢厭糟糠하니라.

## 203

飽 배부를 포 食-14획
飫 배부를 어 食-13획
烹 삶을 팽 火-11획
宰 재상 재 宀-10획

필순:
- 飽: ノ今食食飠飽飽
- 飫: ノ今食食飠飫
- 烹: 亠亡亨亨亨烹烹
- 宰: 宀宁宁宰宰宰

뱃속에 아이를 담고(包) 있는 여인처럼 밥을 너무 많이 먹어 배가 부른 형상을 본뜬 글자이다.

**풀이** 포어팽재 : 사람이 배가 부르면(飽) 짐승을 잡아(宰) 그 고기를 삶아(烹) 주어도 배가 부른 나머지 물려(飫) 먹기 싫고,

● 후한을 일으켜 세운 광무제(光武帝)에게 남편을 일찍 여의고 홀로된 누님 호양공주가 있었는데 신하 중 송홍(宋弘)을 남몰래 사모함을 알고 공주를 숨어 있게 하여 방에 유부남인 송홍을 청했다. (아래 참조)

## 204

飢 주릴 기 食-11획
厭 싫을 염 厂-14획
糟 지게미 조 米-17획
糠 겨 강 米-17획

필순:
- 飢: ノ今今食食飠飢
- 厭: 丆厂厈厭厭厭
- 糟: 米米米糟糟糟
- 糠: 米米米糠糠糠

언덕(厂)의 굴에서 낮(日)이나 밤(月)이나 온종일 숨어서 개(犬)같이 사는 처지가 싫다는 의미의 글자이다.

**풀이** 기염조강 : 그 반대로 배가 고프면(飢) 재강(糟 : 술 찌꺼기)이나 쌀겨(糠)로 지은 밥이라도 한 톨도 버리기 싫어(厭) 할 정도로 맛있는 법이니라.

● 弘曰, 臣聞, 貧賤之交不可忘, 糟糠之妻不下堂(홍왈 신문 빈천지교불가망 조강지처불하당)이라 홍이말하길, 신이 듣기론, 빈천할 때의 친구는 신분이 높아 졌다고 잊어서는 안되고, 가난할 때 조강으로 지은 거친 음식을 함께 먹으며 고생했던 아내는 부귀해졌다고 마루 아래로 내치지 않는다 들었습니다.

**운율(韻律)** 親戚故舊이니 老少異糧해야 하느니라.

## 205 親

둘이 서서(立) 나무(木)를 심고 함께 보살피는(見) 친함이 있는 형상을 본뜬 글자이다.

| 見 - 16획 | 戈 - 11획 | 攵 - 9획 | 臼 - 18획 | 평가 |
|---|---|---|---|---|
| 親 | 戚 | 故 | 舊 | 親戚故舊 |
| 친할 친 | 친척 척 | 연고 고 | 옛 구 | |
| 辛 来 新 親 親 親 親 | | 十 十 古 古 古 故 故 | | |
| 厂 厂 厅 厌 戚 戚 戚 | | 崔 崔 崔 崔 舊 舊 舊 | | |

**풀이** 친척고구 : 친가(親)와 외가(戚)의 일가들과 더불어 친구(舊)는 모두 오랜 인연(故)으로 맺어 진 가가까운 사람들인지라,

● 친(親)은 친가(親家)의 일가로 아버지의 집안을 말한다. 척(戚)은 외가(外家)의 일가로 어머니의 집안을 말한다. 고구(故舊)는 전생을 말하기도 하지만 혈통으로 이어온 오랜 인연을 뜻한다.

## 206 異

귀신(田=鬼의 생략형)같은 탈을 두 손으로 받쳐(共) 쓰니 전혀 다른 사람처럼 무섭다는 의미의 글자이다.

| 耂 - 6획 | 小 - 4획 | 田 - 11획 | 米 - 18획 | 평가 |
|---|---|---|---|---|
| 老 | 少 | 異 | 糧 | 老少異糧 |
| 늙을 로 | 젊을 소 | 다를 이 | 양식 량 | |
| 一 十 土 耂 耂 老 | | 田 田 甲 異 異 異 異 | | |
| 丨 丨 小 少 | | 米 籿 粐 粐 糎 糧 糧 | | |

**풀이** 노소이량 : 어른(老)과 젊은이(少)의 음식(糧)에도 차이(異)가 있어야 하느니 어른에게는 연하고 양분이 많은 맛있는 음식을 드려 대접해야 하느니라.

● 심지어 예기(禮記) 내칙편(內則篇)에는 이런 말까지 있다.(상략) 九十飮食不違寢, 膳飮從於遊可也(구십음식불위침 선음종어유가야)라 구십이 되시는 어른께는 자리에서 음식을 드시게 하고, 밖에 나가시거든 음식과 반찬을 가지고 따라 가며 모셔야 하느니라.

**운율(韻律)** 妾御績紡하고 侍巾帷房해야 하느니라.

## 207

| 女 - 8획 | 彳 - 11획 | 糸 - 17획 | 糸 - 10획 | 평가 |
|---|---|---|---|---|
| 妾 | 御 | 績 | 紡 | |
| 첩 **첩** | 모실 어 | 길쌈 적 | 길쌈 방 | |
| 一丷亠立芉妾妾 | 彳彳彳徃徃御御 | 糸紗紵綪績績績 | 幺幺糸紅紡紡 | |

항상 죄지은 (立=辛의 생략형) 여인(女)처럼 집에서 하녀 노릇을 하는 첩의 형상을 본뜬 글자이다.

**풀이** 첩어적방 : 아내(妾)는 스스로 길쌈(籍紡)을 하면서도 정성을 다해 어른 모시기(御)를 소홀히 해서는 아니되고,

● 여기서 첩(妾)이란 정실을 낮추어 일컫는 말로 해석된다. 이른바 신첩(臣妾)하면 왕비가 스스로 자신을 낮추어 임금에게 대하는 말로 왕처럼 시부모와 남편을 모신다는 정실의 겸칭으로 해석되어야 한다.

## 208

| 人 - 8획 | 巾 - 3획 | 巾 - 11획 | 戶 - 8획 | 평가 |
|---|---|---|---|---|
| 侍 | 巾 | 帷 | 房 | |
| 모실 시 | 수건 건 | 장막 유 | 방 방 | |
| 亻亻仆佳侍侍 | 丨冂巾 | 冂巾帅帅帷帷 | 厂广户户房房 | |

사람(人)이 절(寺)에서 부처를 섬기듯 존경하는 분을 모셔 시중드는 사람의 형상을 본뜬 글자이다.

**풀이** 시건유방 : 아늑히 휘장이 쳐진(帷) 침실(房)에서 까지 아내는 남편 모시기를 수건(巾)들고 시중(侍)드는 듯 해야 하느니라.

● 여기서 시건(侍巾)이란 직역하여 '수건을 들고 곁에서 시중을 든다'의 뜻이겠지만 의역하여 수건을 들고 시중들듯 정성으로 어른과 남편을 모셔야 한다고 풀이하였다.

**운율(韻律)** 紈扇圓潔하고 銀燭煒煌하구나.

## 209

紈扇扇扇

지붕(戶)처럼 둥글고 새의 날개(羽)처럼 접었다 폈다하는 부채의 형상을 본뜬 글자이다.

| 糸 - 9획 | 戶 - 10획 | 口 - 13획 | 氵- 15획 | 평가 |
|---|---|---|---|---|
| 紈 | 扇 | 圓 | 潔 | |
| 흰비단 환 | 부채 선 | 둥글 원 | 깨끗할 결 | |
| 幺幺糸糸紀紈紈 | 一广戶戶肩扇扇 | 冂門周圓圓圓圓 | 氵汀洴洯潔潔潔 | |

**풀이** 환선원결 : 깨끗이(潔) 정돈된 방안에는 흰비단(紈)으로 만든 둥근(圓) 부채(扇)등이 놓여 있어 더욱 고즈넉하고,

● 환선(紈扇)은 희고 얇은 비단(깁)으로 만든 둥근 부채나 그런 부채 모양으로 치장된 것을 말하는 것으로 규방(閨房)의 장식을 말한다.

## 210

銀銀銀

은은 흰색의 쇠붙이(金)로써 그 양이 한정(艮=限의 생략형)되어 있어 희소성으로 보물이라는 의미의 글자이다.

| 金 - 14획 | 火 - 17획 | 火 - 13획 | 火 - 13획 | 평가 |
|---|---|---|---|---|
| 銀 | 燭 | 煒 | 煌 | |
| 은 은 | 촛불 촉 | 빛날 위 | 빛날 황 | |
| 金金釒釖鈤銀銀 | 火火炉炉焊煒煒 | | | |
| 火炉炉炉燭燭 | 火火炉炉焊煌煌 | | | |

**풀이** 은촉위황 : 그곳에는 또 은(銀)으로 만든 은촛대(燭)에 촛불이 밝혀 있어 실내는 밝고 산뜻(煒煌)하여 부부의 금슬도 깊어만 간다.

● 진(晉)나라 때 왕가(王嘉)의 습유기(拾遺記)에 百鑄其色變白, 有光如銀, 則銀燭也(백주기색변백 유광여은 즉은촉야) 라 백번을 녹이면 그 색이 희게 변하여, 은과 같은 광채를 띠는데, 이를 은촉이라 한다는 시구가 있다.

**운율(韻律)**: 晝眠夕寐하니 藍筍象床하구나.

## 211

| 日 - 11획 | 目 - 10획 | 夕 - 3획 | 宀 - 12획 | 평가 |
|---|---|---|---|---|
| 晝 | 眠 | 夕 | 寐 | |
| 낮 주 | 잠잘 면 | 저녁 석 | 잘 매 | |
| 一 丁 크 聿 書 晝 晝 | 丨 目 日 日¹ 眠 眠 眠 | 丿 ク 夕 | 宀 宀 宀 宀 寐 寐 寐 | |

달(月)에서 한 획을 빼내어 기우려있던 달이 다시 뜨는 저녁의 형상을 본뜬 글자이다.

**풀이** 주면석매 : 이따금씩 낮잠(晝眠)을 즐기기도 하고 저녁(夕)에는 잠자리(寐)에 드니,

● 주면(晝眠)은 오수(午睡)를 말하며 석매(夕寐)는 저녁 잠자리를 뜻한다. 또 좋은 꿈이란 뜻으로 풀이 되기도 한 화서지몽(華胥之夢)의 고사성어도 낮잠을 말한다.

## 212

| 艸 - 18획 | 竹 - 12획 | 豕 - 12획 | 广 - 7획 | 평가 |
|---|---|---|---|---|
| 藍 | 筍 | 象 | 床 | |
| 푸를 람 | 죽순 순 | 코끼리 상 | 평상 상 | |
| ᅭ ᅭ 芏 藍 藍 藍 藍 | 竹 竹 竹 竺 筍 筍 筍 | 名 名 名 多 多 象 象 | 丶 宀 广 广 庁 床 床 | |

왼쪽을 향하고 있는 코끼리의 형상을 본뜬 글자로 그림으로 그린다는 의미도 있는 글자이다.

**풀이** 남순상상 : 쪽 빛(藍 : 푸른) 대나무(筍)로 엮어 상아(象)로 장식해 만든 침상(床)에는 실내가 보다 아늑하고 평안하구나.

● 이만큼 조금 멋도 부리고 한가로우니 선비의 여유로운 생활이 이만하면 됐지 더 이상 무엇을 더 바랄까? 하는 뒷말이 남는다.

## 운율(韻律): 絃歌酒讌하고 接杯擧觴하면서,

### 213

絃歌酒讌

| 糸 - 11획 | 欠 - 14획 | 酉 - 10획 | 言 - 23획 | 평가 |
|---|---|---|---|---|
| 絃 | 歌 | 酒 | 讌 | |
| 줄 현 | 노래 가 | 술 주 | 잔치 연 | |
| 幺 糸 糸 紁 紅 絃 絃 | 可 可 哥 哥 歌 歌 歌 | 氵 汀 沂 沂 洒 酒 酒 | 言 詝 詝 詝 詝 讌 讌 | |

歌: 맞다(可) 맞다(可)하고 하품하듯(欠) 말하듯 부르는 것같이 노래한다는 의미의 글자이다. (맞다는 얼씨구로 의역)

**풀이** 현가주연 : 한가한 틈을 타 벗을 청해 잔치(讌)를 벌여 현악기(絃)에 맞추어 시가(歌)로 주흥(酒)을 돋구고,

● 이 구(句)는 한가로운 선비가 시주풍류(詩酒風流) 곧 '시와 술로 운치있게 노는 일'이란 말과도 흡사하다.

### 214

接杯擧觴

| 扌 - 11획 | 木 - 8획 | 手 - 18획 | 角 - 18획 | 평가 |
|---|---|---|---|---|
| 接 | 杯 | 擧 | 觴 | |
| 이을 접 | 잔 배 | 들 거 | 잔 상 | |
| 扌 扩 拧 拧 按 接 接 | 十 オ 木 朴 杯 杯 杯 | 𠀎 臼 𦥑 與 與 擧 | 角 舮 舮 舮 觴 觴 | |

接: 귀한 손님이 오면 두 손(手)으로 맞고 첩(妾)에게 주안상을 마련케 하여 술잔을 이어 부딪친다는 의미의 글자이다.

**풀이** 접배거상 : 서로 흥이나 술잔(觴)을 들어(擧) 잔(杯)을 주고 받으면서(接),

● 술의 다른 말, 곧 이칭(異稱)으로는 다음과 같다. 시름을 잊게 하는 물건이니 망우물(忘憂物), 저녁 6시경(西時)에 마시는 물(水)이니 주(酒), 좋아하는 돈보다 우선한다 하여 미록(美祿), 적당히 마시면 건강을 지켜 준다하여 두강(杜康), 좋은 우정을 낳게 한다하여 홍우(紅友), 낚시로 시름 낚는다 하여 조시구(釣詩鉤), 대접하는 물건이라 하여 배중물(盃中物) 등으로 불리기도 한다.

## 운율(韻律): 矯手頓足하니 悅豫且康함이로다.

### 215

矯手頓足

| 矢 - 17획 | 手 - 4획 | 頁 - 13획 | 足 - 7획 | 평가 |
|---|---|---|---|---|
| 바로잡을 교 | 손 수 | 두드릴 돈 | 발 족 | |
| 矢 矢 矢 矫 矫 矯 矯 | | 口 旷 斩 頓 頓 頓 頓 | | |
| 一 二 三 手 | | 丨 冂 凸 口 马 异 足 | | |

무릎(口)에서 발바닥(止의 변형)까지를 발이라 부르고 그 발의 형상을 그린 글자이다.

**풀이** 교수돈족 : 손(手)을 들어 팔을 휘었다 바로(矯) 하면서 덩실덩실 움직이고 발(足)은 이에 맞추어 바닥을 두드리듯(頓) 춤을 추니,

● 매처학자(梅妻鶴子) 곧 매화를 아내로 삼고 학을 자식으로 삼는다는 뜻으로 풍아한 유흥을 표현 구(句)가 있고 상하성색(上下聲色 : 곧 달빛과 바람소리)과 함께 하는 운치를 말하는 구도 있다.

### 216

悅豫且康

| 忄 - 10획 | 豕 - 16획 | 一 - 5획 | 广 - 11획 | 평가 |
|---|---|---|---|---|
| 기쁠 열 | 미리 예 | 또 차 | 편안할 강 | |
| 忄 忄 忄 怜 怜 悅 悅 | | 丨 冂 月 且 且 | | |
| 予 予 豫 豫 豫 豫 豫 | | 一 广 户 户 序 庫 康 | | |

코끼리(象)가 죽을 때 자기(子)가 죽을 곳으로 미리 가 죽는 형상을 본뜬 글자이다.

**풀이** 열예차강 : 이처럼 기쁘게(悅) 살아가는 것(豫) 또한(且) 한세상을 살아가는데 편안하고(康) 즐거운 일이 아닌가.

● 탐독완시에서 이 구(句)까지는 자연을 벗하며 소박하게 살아가는 선비의 도를 말함이고 때로는 벗을 청해 유흥을 즐기면서도 가히 절제를 잃지 않는 검소한 삶을 노래한 것이다.

**운율(韻律)** 嫡後嗣續하고 祭祀蒸嘗해야 하느니라.

## 217

嫡後嗣續

| 女 - 14획 | 彳 - 9획 | 口 - 13획 | 糸 - 21획 | 평가 |
|---|---|---|---|---|
| 嫡 | 後 | 嗣 | 續 | |
| 맏 적 | 뒤 후 | 이을 사 | 이을 속 | |
| 女 妒 娇 娇 嫡 嫡 | | 目 月 扁 刷 刷 嗣 嗣 | | |
| 彳 彳 彳 彳 後 後 | | 糸 紅 綪 績 續 續 | | |

어른(彳)의 뒤를 어린아이(幺)가 뒤쳐져 아장아장 걸어오는(夂) 형상을 본뜬 글자이다.

**풀이** 적후사속 : 한 가정의 맏이(嫡)는 아버지를 돕다가 뒤(後)를 이어(續) 가문의 대를 이어가고(嗣),

● 적후(績後)는 대를 이은 적자(嫡子)를 뜻한 말로 사속(嗣續) 곧 후대의 자손이 가문의 대를 이어가는 것을 말한다.

## 218

祭祀蒸嘗

| 示 - 11획 | 示 - 8획 | 艸 - 14획 | 口 - 14획 | 평가 |
|---|---|---|---|---|
| 祭 | 祀 | 蒸 | 嘗 | |
| 제사 제 | 제사 사 | 증기 증 | 맛볼 상 | |
| ク タ タ 奴 怒 祭 祭 | | ㅡ ㅛ 芋 芽 莁 蒸 蒸 | | |
| ㅡ 千 示 示 祀 祀 祀 | | ㅛ 尚 尚 堂 堂 嘗 嘗 | | |

가마에 삼대(艸)를 넣고 불(火)을 지펴 찔(丞) 때 김이 모락모락 나는 형상을 본뜬 글자이다.

**풀이** 제사증상 : 조상님들께 제사(祭祀)를 올리는데 소홀함없이 가을 제사(嘗)·겨울 제사(蒸) 그리고 봄 제사(礿)와 여름 제사(禘)로 조상을 받들어야 하느니라.

● 여기서는 증상(蒸嘗)으로 가을 제사봄·제사만을 언급한 것 같지만 사시(四時-4계절)의 제사를 말한 것으로 이해해야 한다.

**운율(韻律)**: 稽顙再拜하되 悚懼恐惶하여야 하느니라.

## 219

두 손(手)을 앞에 가지런히 하고 바닥(下)에 엎드려 절을 하는 형상을 본뜬 글자이다.

| 禾 - 15획 | 頁 - 19획 | 冂 - 6획 | 手 - 9획 | 평가 |
|---|---|---|---|---|
| 稽 | 顙 | 再 | 拜 | |
| 조아릴 계 | 이마 상 | 두 재 | 절 배 | |

**풀이** — 계상재배 : 조상님께 제사를 올릴 때는 이마(顙)가 땅에 닿도록 조아려(稽) 절(拜)을 크게 두 번(再)하되,

● 계상재배는 부모의 상을 당했을 때 적자(嫡子)가 하는 절이기도 하다.

## 220

부엉이(隹)의 눈(目)처럼 둥그렇게 뜨고 놀라며 두려워 하는 마음(心)이 다르다는 의미의 글자이다.

| 忄 - 10획 | 忄 - 21획 | 心 - 10획 | 忄 - 12획 | 평가 |
|---|---|---|---|---|
| 悚 | 懼 | 恐 | 惶 | |
| 두려울 송 | 두려울 구 | 두려울 공 | 두려울 황 | |

**풀이** — 송구공황 : 이때 조상을 향한 마음가짐은 송구(悚懼)하고 황송(惶)해 하는 경외한 마음으로 두려워(恐) 하는 정성이 깃들어야 하느니라.

● 송(悚)은 마음을 조심스러워 함이고, 구(懼)는 두려움에 떠는 것이고, 공(恐)은 무서워 질린 것이고, 황(惶)은 어렵고 두려워 어찌 할 바를 모르는 것이다. 이것을 합하면 지극정성으로 삼가 경외하는 마음이란 의미가 된다.

## 운율(韻律) 牋牒肝要하고 顧答審詳해야 하느니라.

### 221

牋牒簡要

- 牋 (片-12획) 편지 전
- 牒 (片-13획) 편지 첩
- 簡 (竹-18획) 간략할 간
- 要 (女-9획) 중요할 요

옷을 입은(襾) 여인(女)이 사람으로서 중요하다는 허리에 양손을 대고 있다라는 의미의 글자이다.

**풀이** 전첩간요 : 편지를 쓸 때도 예가 있으니 웃어른에게 보내는 글(牋)이나 동기 또는 벗에게 보내는 글(牒)들은 중요한(要) 내용으로 간단명료(簡)해야 하며,

● 옛 중국에서는 천자에게 올리는 글을 표(表)라 했으며 제후에겐 계(啓), 황후나 태자에겐 첩(牒)이라고 했다, 이것은 후한서(後漢書)에 전해 오고 있다

### 222

顧答審詳

- 顧 (頁-21획) 돌아올 고
- 答 (竹-12획) 대답할 답
- 審 (宀-15획) 살필 심
- 詳 (言-13획) 자세할 상

품파는(雇) 이가 주인의 부름에 새처럼 놀라듯 머리(頁)를 돌려 그곳을 보는 형상을 본뜬 글자이다.

**풀이** 고답심상 : 특히 어른께 답서(答)를 올릴 때는 글의 내용에 결례가 없는지 두루(顧) 살피고(審) 추존(推尊)하는 마음으로 안부인사를 빠뜨리지 않는 자상함(詳)이 있어야 하느니라.

● 여기서 심상(審詳)이라 특히 혹은 어른의 글을 받잡고 답서를 올림에 있어서 자기의 글이 어디에라도 결례가 된 곳은 없는지 전후 내용을 거듭 자세히 살핀다는 뜻이다.

## 운율(韻律): 骸垢想浴하고 執熱願凉해야 하느니라.

### 223

想

나무(木) 위를 자세히 보듯(目) 마음(心)속으로 깊이 생각하는 형상을 본뜬 글자이다.

| 骨 - 16획 | 土 - 9획 | 心 - 13획 | 氵 - 10획 | 평가 |
|---|---|---|---|---|
| 骸 | 垢 | 想 | 浴 | |
| 뼈 해 | 때 구 | 생각할 상 | 목욕할 욕 | |
| 骨骨骨骨骸骸骸 | 一 才 木 相 相 想 想 | | | |
| 土 圵 圻 圻 垢 垢 垢 | 氵 氵 氵 氵 浴 浴 浴 | | | |

**풀이** 해구상욕 : 모름지기 사람이라면 연로하신 아버님의 몸(骸)에 때(垢)가 끼면 목욕(浴) 시켜드릴 것을 생각(想)해야 하고,

● 대체로 간과하기 쉬운 것이 해구상욕(骸垢想浴)의 내용을 자신의 청결을 말하는 것으로 오해하기 쉬우나 여기서는 앙상하게 뼈(骸)만 남는 몸, 곧 연로하신 아버지에 대한 자식의 효심을 나타내는 구이다.

### 224

願

사람이 무엇을 원하는 마음의 근원(原)은 머리(頁)의 생각으로부터 비롯된다는 의미의 글자이다.

| 土 - 11획 | 火 - 15획 | 頁 - 19획 | 氵 - 10획 | 평가 |
|---|---|---|---|---|
| 執 | 熱 | 願 | 凉 | |
| 잡을 집 | 더울 열 | 원할 원 | 서늘할 량 | |
| 土 圡 幸 幸 刲 執 執 | 一 厂 后 原 願 願 願 | | | |
| 土 圡 幸 刲 執 執 熱 | 氵 冫 冫 冫 凉 凉 凉 | | | |

**풀이** 집열원량 : 부모님께서 더위(熱)를 타시면 서늘하고(凉) 시원한 것을 바라시니(願) 뜨거운 것을 잡듯 곧 알아차리고(執) 부모님이 진실로 무엇을 원하시는지를 잘 헤아려서 해드리는 것이 효(孝)이니라.

● 이 절구(節句)까지는 효를 행함에 있어 부모님이나 어른을 정성껏 모시는 것 이상 효도는 없다는 효의 도를 말하는 것이다.

## 운율(韻律) : 驢騾獨特하니 駭躍超驤하구나.

### 225

소(牛)는 농가에서 없어서는 안 될 특별한 것임으로 시중(寺=侍의 생략형)들듯 다루어야 한다는 의미의 글자.

| 馬 - 26획 | 馬 - 21획 | 牛 - 19획 | 牛 - 10획 | 평가 |
|---|---|---|---|---|
| 驢 | 騾 | 犢 | 特 | |
| 나귀 려 | 노새 라 | 송아지 독 | 소(특별) 특 | |
| 馬 馿 馿 騄 騄 騄 驢 | | 牛 牸 牸 牸 犢 犢 犢 | | |
| 馬 馬 馬 馬 騾 騾 騾 | | 牛 牛 牸 牸 特 特 | | |

**풀이** 여라독특 : 풍요로운 자연의 벌판에서는 나귀(驢)와 노새(騾) 그리고 힘이 뻗친 황소(特 - 수소)가 송아지(犢)와 한가로이 놀거나,

● 풍요로운 자연과 농가(백성)를 우회적으로 가축들에 빗대어 풍성함과 풍족함을 나타내는 구절이다.

### 226

새(隹) 날기 위해 날개짓(羽) 하는 것처럼 발(足)을 동동 구르며 뛰어 달리는 형상을 본뜬 글자이다.

| 馬 - 16획 | 足 - 21획 | 走 - 12획 | 馬 - 27획 | 평가 |
|---|---|---|---|---|
| 駭 | 躍 | 超 | 驤 | |
| 놀랄 해 | 뛸 약 | 넘을 초 | 달릴 양 | |
| 馬 馬 馿 馿 駭 駭 駭 | | 走 走 走 走 超 超 | | |
| 足 足 趵 趵 躍 躍 躍 | | 馬 馬 馬 馬 驤 驤 驤 驤 | | |

**풀이** 해약초양 : 기쁜 듯 놀란 듯(駭) 날뛰며(躍) 펄쩍펄쩍 뛰면서(超) 초원을 내닫고(驤) 있구나.

● 윤택한 농가의 부유함으로 태평성대와 평온함을 노래한 구(句)이다.

**운율(韻律):** 誅斬賊盜하였으니 捕獲叛亡하였느니라.

## 227

誅斬賊盜

| 言 - 13획 | 斤 - 11획 | 貝 - 13획 | 皿 - 12획 | 평가 |
|---|---|---|---|---|
| 誅 | 斬 | 賊 | 盜 | |
| 벨 주 | 벨 참 | 도둑 적 | 도둑 도 | |
| 言言訃訣誅誅 | | 目貝財財賊賊 | | |
| 一百百車斬斬斬 | | 氵氵次次盜盜盜 | | |

배가 고파 입을 쩍 벌리고(欠) 침을 흘려(氵) 남의 그릇(皿)에 든 것을 훔쳐 먹으면 도둑이라는 의미의 글자이다.

**풀이** 주참적도 : 백성을 괴롭히는 도둑(盜)은 매우 엄한 벌(誅)을 주고, 나라를 위태롭게 하는 적도(賊)에게는 참(斬)하여서 죽였으니,

● 같은 '도둑'이란 뜻을 갖고 있지만 엄밀히 헤아리면 적(賊)은 큰 도둑, 도(盜)는 작은 도둑을 의미한다. 이 구(句)의 해석이 분분하나 도적의 크고 작음을 헤아리는 것이 난해함을 풀 수 있다.

## 228

捕獲叛亡

| 扌 - 10획 | 犭 - 17획 | 又 - 9획 | 亠 - 3획 | 평가 |
|---|---|---|---|---|
| 捕 | 獲 | 叛 | 亡 | |
| 잡을 포 | 얻을 획 | 배반할 반 | 망할 망 | |
| 扌扌扩折拘捕捕 | | 丷半半叛叛叛 | | |
| 犭犭犭犭獲獲獲 | | 丶亠亡 | | |

숲(艹)에서 사냥꾼이 쏘아 맞힌 새(隹)를 개(犬)가 물어와 얻는(又) 형상을 본뜬 글자이다.

**풀이** 포획반망 : 나라를 배반(叛)하거나 도둑질하고 도망(亡)하는 자들은 반드시 잡아(捕)서 벌주거나 목숨을 빼앗아(獲) 참함으로써 나라의 기강을 바로 세웠느니라.

● 이 구(句)는 나라를 반역하거나 선량한 백성을 괴롭히고 도망가는 죄인은 반드시 잡아 위와 같이 벌을 준다고 이해하면 좋을 것이다.

## 운율(韻律): 布射遼丸하였고 嵇琴阮嘯하였느니라.

### 229

布射遼丸

| 巾 - 5획 | 寸 - 10획 | 辶 - 16획 | 丿 - 3획 |
|---|---|---|---|
| 布 | 射 | 遼 | 丸 |
| 베 포 | 쏠 사 | 멀 료 | 알 환 |
| ノ ナ 才 右 布 | | 大 大 弃 寮 寮 遼 遼 | |
| 丿 冂 身 身 身 射 射 | | ノ 九 丸 | |

궁수(身)가 몸의 힘을 한껏 자아내어 화살을 손(寸)으로 쏘는 형상을 본뜬 글자이다.

**풀이** 포사료환 : 후한(後漢) 때의 여포(布)는 절묘한 활쏘기(射)의 기예로 원술과 유비의 싸움을 말렸고 초(楚)나라 웅의료(遼) 능숙한 공(丸)굴리기로 송나라와의 전쟁에서 초나라가 승리할 수 있게 하였으며,

● 여포(呂布)는 후한(後漢) 말 장수로 활을 잘 쏘아 황제를 구출하였고 웅의료(熊宜僚)는 전국시대(戰國時代) 장수로 공을 잘 다루어 송나라와의 전쟁을 승리로 이끌었다.

### 230

嵇琴阮嘯

| 山 - 12획 | 王 - 12획 | 阝 - 7획 | 口 - 16획 |
|---|---|---|---|
| 嵇 | 琴 | 阮 | 嘯 |
| 메 혜 | 거문고 금 | 성 완 | 휘파람 소 |
| 禾 私 秋 秝 秖 嵇 嵇 | | 阝 阝 阝 阮 阮 | |
| 王 玗 珡 玭 琴 琴 | | 口 口 呼 嘯 嘯 嘯 嘯 | |

거문고를 타니 옥구슬(王=玉의 생략형)이 바로 구르듯한 청아한 소리를 낸다는 의미의 글자이다.

**풀이** 혜금완소 : 진(晉)나라 때 혜강(嵇)은 거문고(琴)를 잘 탔고 혜강의 친구인 완적(阮)은 휘파람(嘯)을 잘 불기로 유명하였느니라.

● 여기서의 혜강과 완적(阮籍)은 죽림칠현(竹林七賢)을 대표하는 지사(志士)로 그밖의 완함(阮咸)·왕융(王戎)·산도(山濤)·유영(劉伶)·상수(尙秀)가 곧 이들이다.

## 운율(韻律) 恬筆倫紙하였으며 鈞巧任釣하였느니라.

### 231

筆

대나무(竹)로 만든 붓대롱을 살며시 잡고 글을 쓰는 붓(聿)의 형상을 본뜬 글자이다.

| ↑ - 8획 | 竹 - 12획 | 人 - 10획 | 糸 - 10획 | 평가 |
|---|---|---|---|---|
| 恬 | 筆 | 倫 | 紙 | |
| 편안할 념 | 붓 필 | 인륜 륜 | 종이 지 | |
| 忄忄忄忄怡怡恬 | | 亻亻伦伦伦倫倫 | | |
| 𥫗𥫗笃笃笃筆筆 | | 纟纟糸糸紅紙紙 | | |

**풀이** 염필륜지 : 진(秦)나라 때 장군 몽염(恬)은 사슴털로 처음 붓(筆)을 만들었고 후한(後漢) 때 환관이었던 채륜(倫)은 종이(紙)를 나무껍질 등으로 처음 만들었으며,

● 여기서 몽염(蒙恬)과 채륜(菜倫)이 처음으로 붓과 종이를 만들었다고 했으나 그 이전에도 그와 같은 용도의 붓과 종이는 있었지만 생산이 체계적이 아니었었고 품질도 고루했을 것으로 짐작된다.

### 232

任

책임감이 강한 사람(人)에게 북방(壬)의 일을 맡기는 형상을 본뜬 글자이다.

| 金 - 12획 | 工 - 5획 | 人 - 6획 | 金 - 11획 | 평가 |
|---|---|---|---|---|
| 鈞 | 巧 | 任 | 釣 | |
| 무거울 균 | 공교할 교 | 맡길 임 | 낚시 조 | |
| 𠂉𠂉金鈞鈞鈞鈞 | | ノ亻亻仟任任 | | |
| 一丅工巧 | | 𠂉𠂉金金金釣釣 | | |

**풀이** 균교임조 : 위(魏)나라 때 마균(鈞)은 교묘한 재주(巧)로 지남거(指南車)를 만들었고, 임(任)나라 공자인 임공자(任)는 낚시질(釣)을 잘하였느니라.

● 마균(馬鈞)이 만든 지남거는 수레 위에 신선 등의 목상(木像)을 얹고 손가락이 늘 남쪽을 가리키게 만든 것이다. 오늘날의 남침반이 화살표가 북쪽을 가리키고 있음과는 크게 다를 바 없는 기구이다.

**운율(韻律)** 釋紛利俗하였으니 竝皆佳妙이니라.

## 233

釋紛利俗

| 釆 - 20획 | 糸 - 10획 | 刀 - 7획 | 人 - 9획 |
|---|---|---|---|
| 釋 | 紛 | 利 | 俗 |
| 풀 석 | 어지러울 분 | 이로울 리 | 풍속 속 |

사람(人)들이 골짜기(谷)에 모여 살면서 마을의 풍속을 만들고 속된 세상의 삶을 살아왔다는 의미의 글자이다.

**풀이** 석분리속 : 이같이 앞서 말한 사람들은 세속(俗)의 불편함과 어려움(紛)들을 뛰어난 솜씨로 풀어(釋) 세상을 이롭게(利) 하였느니,

● 앞서 말한 사람들이란 곧 여표·웅의료·혜강·오나적·몽염·채륜·마균·임공자 등을 말함인데 그들 모두가 세상의 불편과 분란을 편리하게 해 준 사람들이다.

## 234

竝皆佳妙

| 立 - 10획 | 白 - 9획 | 人 - 8획 | 女 - 7획 |
|---|---|---|---|
| 竝 | 皆 | 佳 | 妙 |
| 아우를 병 | 모두 개 | 아름다울 가 | 묘할 묘 |

사람들이 서로 견주듯(比) 다투어 아뢰는데(白) 모두가 똑같다라는 의미의 글자이다.

**풀이** 병개가묘 : 이들(竝) 모두(皆)가 나라나 백성들을 위하여 기묘한(妙) 재주와 탁월함(佳)으로 한 시대를 풍미한 아름다운 사람들이니라.

● 재주에 관한 고사로 경세지개(經世之才), 삼면육비(三面六臂), 경천위지지재(經天緯地之才), 다재다능(多才多能), 천하지재(天下之才), 안씨 가훈(顔氏家訓)의 적재천만불여박예수신(積財千萬不如薄藝隨身)등이 있다.

## 운율(韻律): 毛施淑姿하였으니 工嚬姸笑했었느니라.

### 235

毛施淑姿

| 毛 - 6획 | 方 - 9획 | 氵- 11획 | 女 - 9획 | 평가 | | | |
|---|---|---|---|---|---|---|---|
| 터럭 모 | 베풀 시 | 맑을 숙 | 맵시 자 | | | | |
| ノ 二 三 毛 | | 氵 汁 汁 汴 淑 淑 | | | | | |
| 一 方 方 方 㪔 施 施 | | 冫 氵 汴 次 姿 姿 | | | | | |

차례(次)로 늘어선 여자(女)들이 제각기 자기들의 맵시와 자태를 뽐내고 있는 형상을 본뜬 글자이다.

**풀이** 모시숙자 : 절세미인의 대명사로 일컬어지는 모장(毛)과 서시(施)가 있었으니 그녀들의 요염한 자태(姿)와 고매한 정숙함(淑)으로,

● 여기서 모장과 서시는 전국시대 월(越)나라 왕 구천(句踐)의 애첩(愛妾)들 이었으나 오(吳)나라 왕 부차(夫差)에게 패하자 이 두 총희(寵姬)를 부차에게 보냈다는데 서시이고 나머지 한 미녀는 모장으로 추측된다.

### 236

工嚬姸笑

| 工 - 3획 | 口 - 19획 | 女 - 9획 | 竹 - 10획 | 평가 | | | |
|---|---|---|---|---|---|---|---|
| 장인 공 | 찡그릴 빈 | 고울 연 | 웃을 소 | | | | |
| 一 丁 工 | | 女 女 女 姸 姸 姸 姸 | | | | | |
| 口 卟 吡 吻 嚬 嚬 嚬 | | 𠆢 ⺮ 竹 竺 竺 笌 笑 笑 | | | | | |

대나무(竹) 숲에 드센 바람이 불 때 대가 휘어지고(天) 잎이 바스락대는 소리가 마치 웃음소리같다는 의미의 글자이다.

**풀이** 공빈연소 : 웃을 때(笑)는 물론 찡그릴(嚬) 때도 너무나도 아름답고 고와서(姸) 어떤 천하의 장인(工)도 그 아름다운 자태를 표현할 수 없었다 하느니라.

● 미인(美人)에 관해서라면 천하를 기록한 사서(史書)의 부피만큼 헤아릴 수 없다. 절대가인(絶代佳人), 절대화용(絶代花容), 단장가인(斷腸佳人), 빙자옥질(氷資玉質), 반야가인(半夜佳人), 월궁항아(月宮姮娥) 등이 있다.

## 운율(韻律) 年矢每催하나 羲暉朗曜하느니라.

### 237

羲
矢
每

부푼 어미의 젖이 번번히 나오는 것처럼 봄이면 땅을 트고 나오는 새싹들이 매양 나온다는 의미의 글자이다.

| 干 - 6획 | 矢 - 5획 | 毋 - 7획 | 人 - 13획 | 평가 |
|---|---|---|---|---|
| 年 | 矢 | 每 | 催 | 年 矢 每 催 |
| 해 년 | 화살 시 | 매양 매 | 재촉할 최 | 年 矢 每 催 |
| ノ ᅳ ヒ ケ 乍 年 | ノ ᅳ ヒ 午 矢 | ノ ᅳ 仁 каж 毎 毎 | 亻 亻 仁 俨 佯 催 催 | |

**풀이** 연시매최 : 세월(年)은 마치 화살(矢)처럼 빠르게 지나가 버리고 시간은 언제나(每) 재촉하(催)듯 덧없이 흐르나,

● 연시(年矢)란 화살처럼 빠른 세월을 말한다. 고사성어로는 광음여류(光陰如流), 광음사서수(光陰似逝水), 광음여시(光陰如矢), 낙화유수(落花流水), 여조과목(如鳥過目), 석화광음(石火光陰), 탄지지간(彈指之間) 등이 있다.

### 238

羲
暉
朗
曜

태양(日)의 찬란한 빛이 마치 날개짓(羽)하는 새(隹)가 번쩍이며 날으는 것같은 형상을 본뜬 글자이다.

| 羊 - 16획 | 日 - 13획 | 月 - 11획 | 日 - 18획 | 평가 |
|---|---|---|---|---|
| 羲 | 暉 | 朗 | 曜 | 羲 暉 朗 曜 |
| 복희 희 | 빛날 휘 | 밝을 랑 | 빛날 요 | 羲 暉 朗 曜 |
| 羊 羊 羊 義 羲 羲 | 日 日' 日' 旷 晖 暉 暉 | ㆍ ㄱ ㅋ 良 良 良 朗 | 日 日' 明 明 昨 曜 曜 | |

**풀이** 희휘낭요 : 오늘도 변함없이 떠오르는 해(羲)는 밝고(朗) 빛나게(暉) 온누리를 찬란히 비추느니라(曜).

● 서경(書經) 요전(堯典)에 이르기를 乃命羲和, 欽若昊天, 歷象日月星辰, 敬授人時(내명희화 흠약호천 역상일월성신 경수인시)라 희씨(해)와 화씨(달)에게 명하여, 광대한 하늘을 흠모하고, 해와 달과 별의 움직임을 관찰하여, 사람들에게 4계의 때를 일러 주어 농사를 짓게 하였다 한다.

**운율(韻律)**: 璇璣懸斡하며 晦魄環照하구나.

## 239

| 玉 - 15획 | 玉 - 16획 | 心 - 20획 | 斗 - 14획 | 평가 |
|---|---|---|---|---|
| 璇 | 璣 | 懸 | 斡 | |
| 구슬 선 | 구슬 기 | 매달 현 | 돌 알 | |

숲에서 해돋는 아침, 사람이 한 말의 곡식을 들고 맴맴도는 형상을 본뜬 글자이다.

**풀이** 선기현알 : 사각의 틀에 올려 놓은 선기옥현(璇璣)에 아름다운 옥으로 만든 해와 달 그리고 많은 별들이 마치 하늘에 매달린(懸) 것처럼 제가끔의 위치에서 일정하게 돌아(斡)가며,

● 선기는 요순(堯舜) 시대 만들어져 천문(天文)을 관측했다는 선기옥형(璇璣玉衡)을 말한다. 이것을 일명 혼천의(渾天儀)라고도 한다.

## 240

| 日 - 11획 | 鬼 - 15획 | 玉 - 17획 | 火 - 13획 | 평가 |
|---|---|---|---|---|
| 晦 | 魄 | 環 | 照 | |
| 그믐 회 | 넋 백 | 고리 환 | 비칠 조 | |

빛을 발하는 옥 구슬(王=玉)을 보고 휘둥그러진 눈동자가 마치 고리처럼 돌아가는 형상을 본뜬 글자이다.

**풀이** 회백환조 : 달은 그믐(晦)이 되면 차츰 그 빛을 잃었다가(魄) 보름이 되면 환해져 해와 달이 끊임없이 순환(環)하면서 밤낮을 번갈아 비추는구나(照).

● 북두칠성(北斗七星)의 첫 번째 별을 천추(天樞), 두 번째 별을 선(璇), 세 번째를 기(璣), 네 번째를 권(權), 다섯 번째를 옥형(玉衡), 여섯 번째를 개양(開陽), 일곱 번째를 요광(搖光)이라고 한다.

**운율(韻律)** 指薪修祐이요 永綏吉邵할 것이니라.

## 241

攸

유유히(攸) 흐르는 물에서 머리(彡)를 감듯 마음을 닦아 수양해야 한다는 의미의 글자이다.

| 扌 - 9획 | 艹 - 17획 | 人 - 10획 | 示 - 10획 | 평가 |
|---|---|---|---|---|
| 指 | 薪 | 修 | 祐 | |
| 손가락 지 | 땔나무 신 | 닦을 수 | 복 우 | |
| 扌扌扩扩指指指 | | 亻亻伙伙修修修 | | |
| 艹艹莍莍薪薪薪 | | 一亍亓衤衤衤祐祐 | | |

**풀이** 지신수우 : 마른 섶나무(薪)가 불에 훨훨 타듯한 정열로 끊임없이 자기 수양(修)에 뜻(指)을 둔 이에겐 하늘의 도우심(祐)이 있을 것이요,

● 대학(大學)에 이르기를 所謂修身, 在正其心者, 身心有所忿懥則, 不得其正(소위수신 재정기심자 신심유소분분즉 부득기정)이라 이른바 수신함이 그 마음을 바르게 함에 있다는 것은 마음에 노여워하는 바를 두면, 그 바른 마음을 얻지 못한다.

## 242

邵

덕있는 선비(士)의 말(口)은 변함없이 항상 길하고 듣기도 좋다는 의미의 글자이다.

| 水 - 5획 | 糸 - 13획 | 口 - 6획 | 阝 - 8획 | 평가 |
|---|---|---|---|---|
| 永 | 綏 | 吉 | 邵 | |
| 길 영 | 편안할 수 | 길할 길 | 높을 소 | |
| 丶亅亅永永 | | 一十士吉吉吉 | | |
| 糸糹紵紵綏綏綏 | | 刀刀召召召'邵'邵 | | |

**풀이** 영수길소 : 그같이 자기 이기의 집착을 버리고 수신(修身)하기를 게을리하지 않는 이에게는 살아 생전(邵)에도 높은 복록(吉)을 받아 오래도록(永) 편안함(綏)이 드리울 것이니라.

● 유가(儒家)에서나 불가(佛家)에서의 오복(五福)이란 다음과 같다. 수(壽), 부(富), 강녕(康寧), 유호덕(攸好德), 고종명(考終命)이 그것이다.

**운율(韻律)** 矩步引領하며 俯仰廊廟해야 하느니라.

## 243

矩步引領

| 矢 - 10획 | 止 - 7획 | 己 - 4획 | 頁 - 14획 | 평가 |
|---|---|---|---|---|
| 법 구 | 걸음 보 | 끌 인 | 거느릴 령 | |

발이 멈춰(止) 있는 것처럼 조심스럽게 땅을 스치듯(少) 걷는다는 의미의 글자이다.

**풀이** 구보인령 : 군자의 걸음걸이(步)에도 예(矩)가 있느니 옷깃(領)을 단정히 여미고(引) 품위있게 의젓이 걸어야 하며,

● 恭而無禮則勞, 勇而無禮則亂, 直而無禮則絞(공이무례즉로, 용이무례즉난, 직이무례즉교)라 정중함에도 예가 지나치면 고통이 되고, '용맹에도 예가 빠지면 난폭이 되며, 정직함에 예가 없으면 잔혹함이 된다'는 논어의 말이다.

## 244

俯仰廊廟

| 人 - 10획 | 人 - 6획 | 广 - 13획 | 广 - 15획 | 평가 |
|---|---|---|---|---|
| 숙일 부 | 우러를 앙 | 행랑 랑 | 사당 묘 | |

집안(广)에서 서방님(朗)이 손님들을 맞아 대접하는 행랑의 형상을 본뜬 글자이다.

**풀이** 부앙랑묘 : 나랏일을 볼 때도 조정(廊廟)에 나아가 하늘을 우러러(仰) 한 점 부끄러움(俯)도 없는 떳떳한 관리로써 충과 예의 법도를 다하여야 하느니라.

● 여기서 부앙(俯仰)은 맹자(孟子) 진심편(盡心篇)의 俯仰不愧天地(부앙불괴천지) 곧 '하늘을 우러러 보고 땅을 굽어보아도 한 점의 부끄러움이 없다'는 말에서 나온 말이다.

## 운율(韻律): 束帶矜莊하면 俳徊瞻眺할 것이니라.

### 245

**束帶矜莊**

- 束 (木 - 7획) 묶을 속
- 帶 (巾 - 11획) 띠 대
- 矜 (矛 - 9획) 자랑할 긍
- 莊 (艹 - 11획) 장할 장

초목(艹)이 울창한 가운데 씩씩하고 장한 선비(壯)가 의젓히 있는 형상을 본뜬 글자이다.

**풀이** 속대긍장 : 또 관리로써 입는 조복(朝服)도 관대(帶)를 단정히 매고(束) 자기가 맡은 바 직책에도 긍지(矜)와 엄중함(莊)이 깃들어 있어야 하느니,

● 예기(禮記) 표기편(表記篇)에 이르기를, 君子隱而顯, 不矜而莊, 不厲而威, 不言而信(군자은이현 불긍이장 불려이위 불언이신)이라 '군자의 인품은 깊이 감추어도 그 향기가 나타나는 것이니, 자랑하지 않아도 그 엄숙함이 나타나고, 애쓰지 않아도 그 위엄이 나타나며 말하지 않아도 그 말에는 믿음이 있느니라'했다.

### 246

**俳徊瞻眺**

- 俳 (彳 - 11획) 배회할 배
- 徊 (彳 - 9획) 배회할 회
- 瞻 (目 - 18획) 볼 첨
- 眺 (目 - 11획) 볼 조

옛날 거북이의 갈라진 등껍질을 보고(目) 앞으로의 조짐(兆)을 점쳤다는 의미의 글자이다.

**풀이** 배회첨조 : 잠깐 조정 밖을 배회(俳徊)할 때일지라도 절의와 절제에서 풍기는 그 고결함을 잃지 않는다면 멀리서 바라보는(瞻眺) 이들의 공경을 우러러 한 몸에 받을 것이니라.

● 여기서 첨조는 '멀리서 바라본다'의 뜻이지만 외관과 품위를 보아도 우러러 공경할 사람인지 그렇지 못한지를 알 수 있다라고 의역할 필요가 있다.

**운율(韻律)**: 孤陋寡聞한지라 愚蒙等誚함이니라.

## 247

| 子 - 8획 | 阝- 9획 | 宀- 14획 | 耳 - 14획 | 평가 |
|---|---|---|---|---|
| 孤 | 陋 | 寡 | 聞 | |
| 외로울 고 | 더러울 루 | 적을 과 | 들을 문 | |
| 丁了孑孑孑孤孤 | 阝阝阝陋陋陋 | 宀宀宀宧寡寡寡 | 卩門門門聞聞 | |

閒閒閒聞

대문(門) 안에서 들이니(耳) 밖의 사람들의 소리가 들려오는 형상을 본뜬 글자이다.

**풀이** 고루과문 : 이제 비로소 천자문(千字文)을 마쳤으나 보고 들은 견문(聞)이 적어(寡) 스스로(孤) 돌아보건대 너무 고루(陋)하여 부끄러울 뿐인지라,

● 고루하다 함은 자신이 이 책을 맺을 즈음에 보니 써 놓은 천자문이 융통성이 없다함이고 과문하다 함은 보고 들은 지식이 적어 부끄럽다는 겸손의 말이다.

## 248

| 心 - 13획 | 艹 - 14획 | 竹 - 12획 | 言 - 14획 | 평가 |
|---|---|---|---|---|
| 愚 | 蒙 | 等 | 誚 | |
| 어리석을 우 | 어릴 몽 | 무리 등 | 꾸짖을 초 | |
| 口日甲禺禺愚愚 | 艹艹芦芎蒙蒙 | 竹竺竺笁笁等等 | 言言訁訋誚誚誚 | |

愚愚愚愚

고지식하고 어리석은 원숭이(禺)같은 옹졸하고 우둔한 마음(心)이라는 의미의 글자이다.

**풀이** 우몽등초 : 어리석고(愚) 몽매(蒙) 자들(等)과 다를 바 없는 저에게 여러 독자 제현들의 지적(誚)과 지도편달을 삼가 바라오며 질책을 스스로 받들겠노라.

● 본 천자문(千字文)을 끝맺음하려 함에 있어 자신이 쓴 글이 고루하다 표현함으로써 자신(주흥사)의 겸손과 겸양을 표현한 구절(句節)이다.

## 운율(韻律) 謂語助者함인데 焉哉乎也이다 함이로다.

### 249

謂語語語

| 言 - 16획 | 言 - 14획 | 力 - 7획 | 耂 - 9획 | 평가 |
|---|---|---|---|---|
| 謂 | 語 | 助 | 者 | |
| 이를 위 | 말씀 어 | 도울 조 | 놈(것) 자 | |
| 言 訁 訂 訶 謂 謂 謂 | 言 言 訂 語 語 語 語 | 丨 刀 月 且 助 助 | 十 土 耂 者 者 者 者 | |

서로 마주보고 하는 말이 각자 자기의 말씀(言)이 맞다고 다섯 손가락을 쥐고(五) 가슴을 치며 말한다는 의미의 글자이다.

**풀이** 위어조자 : 이른바 250구(句), 곧 125절(節)의 천자문(語)을 다 마쳤다하나(謂) 어조사(助)의 것(者)들이 본래는 끼어있어야 운율의 도움도 받을 수 있을 진대,

● 이 책의 저자인 주흥사(周興伺)께서 정해진 자수(字數)와 한정된 4자구(四字句)로 있어야 할 곳의 조사가 빠질 수 밖에 없어 자신의 회한을 어조사와 함께 못다한 말씀들로 애석했을 것이다.

### 250

焉焉焉焉

| 火 - 11획 | 口 - 9획 | 丿 - 5획 | 乙 - 3획 | 평가 |
|---|---|---|---|---|
| 焉 | 哉 | 乎 | 也 | |
| 어찌 언 | 어조사 재 | 어조사 호 | 어조사 야 | |
| 一 下 下 正 焉 焉 焉 | 一 十 士 吉 哉 哉 哉 | 丶 丷 丷 亚 乎 | 丁 也 也 | |

중국에서 길조인 까마귀(烏)가 사람들이 어찌 죄악을 일삼으면 나타난다고 하여 머리에 (正)자로 대신한다는 의미의 글자이다.

**풀이** 언재호야 : 그 대표적인 어조사는 언(焉), 재(哉), 호(乎) 그리고 야(也)이노니, 이 천자문을 보는 이가 있다면, 이것들의 도움을 받아 운률있게 읽었으면 하는 마음으로 이 천자문의 끝을 맺노라.

● 언(焉)은 의문, 반어 등을 나타내는 말이고 재(哉)는 '영탄, 의문, 반어, 완료'의 말이고 호(乎)는 의문, 영탄, 탄식' 야(也)는 단정, 결정 등의 말이다.

# 사자소학(四字小學)

● 사자소학은 어릴 때부터 지켜야 할 언행과 효행, 충심에 관한 지침을 밝혀둔 것이다. 인간으로서 익히 지니고 있어야 하는 예절교육으로, 평생을 같이할 수 있어야 하는 예절과 처세의 귀감이 되고도 남을 인성 교육의 장(章)이다. 총 960자를 4자씩 글귀를 만들어 240구절로 배열하였다.(사자소학은 두 종류가 있는데 276구, 1104자의 것은 쓰기 교본이 따로 있어 여기서는 240구의 것을 부록으로 실었다)

父生我身(부생아신) : 아버지는 나를 낳으시고
母國吾身(모국오신) : 어머니는 나를 기르셨다.
腹以懷我(복이회아) : 나를 배에 품으시고
乳以輔我(유이보아) : 나에게 젖을 먹이셨다.
以依溫我(이의온아) : 나에게 옷을 입혀 따뜻하게 하고
以食活我(이식활아) : 나에게 먹을것을 주어 성장하게 하셨다.
恩高如天(은고여천) : 그 은혜는 하늘처럼 높고
德厚似地(덕후사지) : 그 덕은 땅처럼 두텁다.
爲人子者(위인자자) : 사람의 자식된 자로서
曷不爲孝(갈불위효) : 어찌 효도하지 않을 수 있으리오.
欲報深恩(욕보심은) : 깊은 은혜를 갚고자 마음먹었을 때는
昊天罔極(호천망극) : 하늘도 다함이 없게 하였다.
父母呼我(부모호아) : 부모님께서 나를 부르시면
唯而趣之(유이추지) : 곧 대답하고 달려가야 한다.
父母之命(부모지명) : 부모님의 말씀을
勿逆勿怠(물역물태) : 거역하지도 말고 게을리하지도 말아야 한다.
侍坐親前(시좌친전) : 부모님 앞에 앉을 때는
勿踞勿臥(물거물와) : 걸터앉거나 눕지 말아야 한다.
對案不食(대안불식) : 밥상을 대하고서 먹지 않으시는 것은
思得良饌(사득양찬) : 좋은 반찬을 생각하시는 것이다.
父母有病(부모유병) : 부모님께서 병이 나시면
憂而謀療(우이모료) : 근심하며 낫게 해드리기에 힘써야 한다.
裏糧以送(이양이송) : 먹을 것을 싸서 보내오면
勿懶讀書(물라독서) : 감읍하여 더욱 독서하는데 게을리하지 말아야 한다.
父母唾痰(부모타담) : 부모님의 침이나 가래는
每必覆之(매필부지) : 반드시 그때그때 찾아서 덮어두어야 한다.
若告西適(약고서적) : 서쪽으로 간다고 말씀드리고 나서
不復東性(불복동성) : 동쪽으로 가서는 안 된다.
出必告之(출필고지) : 외출할 때는 반드시 알려드리고
返必拜謁(반필배알) : 돌아와서는 반드시 아뢰어야 한다.
立則視足(입즉시족) : 서계실 때는 발을 쳐다보아야 하고
坐則視膝(좌즉시슬) : 앉아 계실 때는 때는 무릎을 쳐다보아야 한다.
昏必定褥(혼필정욕) : 해가 지면 반드시 이부자리를 마련해두고

| | |
|---|---|
| 晨必省候(신필성후) | : 새벽에는 반드시 안후를 살펴야 한다. |
| 父母愛之(부모애지) | : 부모님께서 나를 사랑하시니 |
| 喜而勿忘(희이물망) | : 기쁘게 해 드릴 것을 잊지 마라. |
| 父母惡之(부모악지) | : 부모님께서 나를 미워하더라도 |
| 懼而無怨(구이무원) | : 두려워하거나 원망하지 마라. |
| 行勿慢步(행물만보) | : 걸을 때는 거만하게 움직이지 말고 |
| 坐勿倚身(좌물의신) | : 앉았을 때는 몸을 아무 데나 기대지 말라. |
| 勿立門中(물립문중) | : 문턱을 밟고 서지 말며 |
| 勿坐房中(물좌방중) | : 방 한가운데에 앉지 말라. |
| 鷄鳴而起(계명이기) | : 닭이 울면 일어나서 |
| 必盥必漱(필관필수) | : 반드시 세수하고 양치질을 해야 한다. |
| 言語必愼(언어필신) | : 말을 할 때는 반드시 삼가해서 해야 하고 |
| 居處必恭(거처필공) | : 거처는 반드시 공손해야 한다. |
| 始習文字(시습문자) | : 문자를 배움에 있어서는 |
| 字劃楷正(자획해정) | : 자획을 바르게 해야 한다. |
| 父母之年(부모지년) | : 부모님의 나이를 |
| 不可不知(불가불지) | : 잊는 것은 옳지 않다. |
| 飮食雅惡(음식아악) | : 음식이 정갈하지 않더라도 |
| 與之必食(여지필식) | : 내주면 반드시 먹어야 한다. |
| 衣服雅惡(의복아악) | : 의복이 좋지가 않더라도 |
| 與之必着(여지필착) | : 내주면 반드시 입어야 한다. |
| 依服帶鞋(의복대혜) | : 의복과 혁대와 신발은 |
| 勿失勿裂(물실물렬) | : 잃어버리지도 말며 찢지도 말아야 한다. |
| 寒不敢襲(한불감습) | : 추워졌다고 함부로 옷을 꺼내입지 말 것이며 |
| 暑勿寒裳(서물한상) | : 덥다고 하여 짧은 옷을 입지 말라. |
| 夏則扇枕(하즉선침) | : 여름에 부모님이 베개 베고 누우시면 부채질해 드리고 |
| 冬則溫被(동즉온피) | : 겨울에는 따뜻하게 덮어드려야 한다. |
| 侍坐親側(시좌친측) | : 부모님과 함께 옆자리에 앉을 때에는 |
| 進退必恭(진퇴필공) | : 나아감과 물러남에 있어 반드시 공손해야 한다. |
| 膝前勿坐(슬전물좌) | : 무릎 앞에 앉아서도 안 되며 |
| 親面勿仰(친면물앙) | : 얼굴을 똑바로 바라보지도 말아야 한다. |
| 父母臥命(부모와명) | : 부모님이 누워서 말씀하셔도 |
| 僕首聽之(복수청지) | : 머리를 숙이고 들어야 한다. |
| 居處靖靜(거처정정) | : 부모님이 거하시는 곳은 편안하며 고요해야 하고 |
| 步復安詳(보복안상) | : 걸음걸이도 조심스럽도록 신경써야 한다. |
| 飽食暖衣(포식난의) | : 배부르게 먹고 따뜻한 옷을 입으면서 |
| 逸居無敎(일거무교) | : 가르치심을 잊고 편안함만 찾는다면 |
| 卽近禽獸(즉근금수) | : 곧 짐승과 다를 바 없으니 |
| 聖人憂之(성인우지) | : 성인이 염려하는 것이 바로 그것이다. |
| 愛親敬兄(애친경형) | : 부모님을 사랑하고 형을 공경함은 |
| 良知良能(양지양능) | : 어질고 배움이 있는 자로서 마땅한 도리이다. |
| 口勿雜談(구물잡담) | : 잡담하지 말 것이며 |

| | |
|---|---|
| 手勿雜戱(수물잡희) | : 손으로 못된 장난을 하지 말라. |
| 寢則連今(침즉연금) | : 잠자리에서는 이불을 같이 덮고 |
| 食則同案(식즉동안) | : 먹을 때에는 밥상을 같이하라. |
| 借人典籍(차인전적) | : 다른 사람의 책을 빌려오면 |
| 勿毀必完(물훼필완) | : 반드시 손상됨이 없이 온전하게 해야 한다. |
| 兄無衣服(형무의복) | : 형이 의복이 없으면 |
| 弟必獻之(제필헌지) | : 동생은 반드시 드려야 한다. |
| 弟無飮食(제무음식) | : 동생에게 먹을 것이 없으면 |
| 兄必與之(형필여지) | : 형은 동생에게 먹을 것을 반드시 주어야 한다. |
| 兄飢弟飽(형기제포) | : 형은 굶고 있는데 동생이 포식한다면 |
| 禽獸之遂(금수지수) | : 짐승과 다를 바 없다. |
| 兄弟之情(형제지정) | : 형제간의 정은 |
| 友愛而己(우애이기) | : 서로가 우애함에 있다. |
| 飮食親前(음식친전) | : 부모님 앞에서 음식을 먹을 때에는 |
| 勿出器聲(물출기성) | : 그릇 긁는 소리를 내지 말아야 한다. |
| 居必擇隣(거필택린) | : 거처에 있어서는 반드시 이웃을 가려 사귀어야 하고 |
| 就必有德(취필유덕) | : 진로를 결정할 때에는 반드시 덕이 있는 사람을 따라야 한다. |
| 父母衣服(부모의복) | : 부모님의 의복은 |
| 勿踰勿踐(물유물천) | : 넘거나 밟지 말아야 한다. |
| 書机書硯(서궤서연) | : 책상과 벼루는 |
| 自黥其面(자경기면) | : 그 바닥이 정면으로 있게 하라. |
| 勿與人鬪(물여인투) | : 다른 사람과 싸우게 되면 |
| 父母憂之(부모우지) | : 부모님이 근심하시게 되니 삼가하라. |
| 出入門戶(출입문호) | : 대문을 나가고 들어올 때에는 |
| 開閉必恭(개폐필공) | : 열고 닫을 때 필히 공손히 하여야 한다. |
| 紙筆硯墨(지필연묵) | : 종이와 붓과 벼루와 묵은 |
| 文房四友(문방사우) | : 서재에 갖춰져야 할 네 가지 벗이다. |
| 晝耕夜讀(주경야독) | : 낮에는 일하고 밤에는 공부하며 |
| 夏禮春詩(하례춘시) | : 여름에는 예에 관한 책을, 봄에는 시짓기를 배워라. |
| 言行相違(언행상위) | : 말과 행동이 서로 다르면 |
| 辱及于先(욕급우선) | : 그 욕됨이 부모님에게 미친다. |
| 行不如言(행불여언) | : 행동과 말이 서로 같지 않으면 |
| 辱及于身(욕급우신) | : 그 욕됨이 또한 자신에게 미친다. |
| 事親至孝(사친지효) | : 부모님게 효도로 써 정성을 다하고 |
| 養志養體(양지양체) | : 뜻을 받들어 잘 봉양해 드려야 한다. |
| 雪裡求筍(설리구순) | : 눈 속에서 죽순을 구하려는 듯한 정성은 |
| 孟宗之孝(맹종지효) | : 맹종의 효도이다. |
| 叩氷得鯉(고빙득리) | : 빙판을 깨서 잉어를 얻으려는 정성은 |
| 王祥之孝(왕상지효) | : 왕상의 효도이다. |
| 晨必先起(신필선기) | : 새벽에는 반드시 먼저 일어나고 |
| 暮須後寢(모수후침) | : 저녁에는 할 일이 다 끝난 후에 자야 한다. |
| 冬溫夏淸(동온하정) | : 겨울에는 따뜻하고 여름에는 시원하게 해 드리며 |

| | |
|---|---|
| 昏定晨省(혼정신성) | : 저녁엔 자리를 정해 드리고, 새벽에는 안후를 살펴드려야 한다. |
| 出不易方(출불역방) | : 외출하여 장소를 옮겨 있지 말고 |
| 游必有方(유필유방) | : 놀 때에는 반드시 장소가 정해 있어야 한다. |
| 身體髮膚(신체발부) | : 몸과 머리와 피부는 |
| 受之父母(수지부모) | : 모두 부모님으로부터 받은 것이다. |
| 不敢毀傷(부감훼상) | : 따라서 함부로 손상시키지 않는 것이 |
| 孝之始也(효지시야) | : 효의 시작인 것이다. |
| 立身行道(입신행도) | : 출세하여 효도를 행하면 |
| 揚名後世(양명후세) | : 후세에 그 이름이 빛날 것이다. |
| 以顯父母(이현부모) | : 이로써 부모님께 광명을 드릴 수 있다면 |
| 孝之終也(효지종야) | : 효의 다함이 되는 것이다. |
| 言必忠信(언필충신) | : 말은 반드시 믿음과 충실함으로 하고 |
| 行必篤敬(행필독경) | : 행동은 반드시 도탑고 공손함으로 해야 한다. |
| 見善從之(견선종지) | : 선한 것을 보면 좇을 것이요 |
| 知過必改(지과필개) | : 잘못을 알았으면 필히 고쳐야 한다. |
| 容貌端正(용모단정) | : 용모는 항상 단정하게 하고 |
| 衣冠肅整(의관숙정) | : 의복과 관은 엄숙하고 바르게 해야 한다. |
| 作事謀始(작사모시) | : 일은 시작과 끝을 한결같이 하고 |
| 出言顧行(출언고행) | : 말할 때에는 행할 것을 돌아보고 해야 한다. |
| 常德固持(상덕고지) | : 항상 큰 덕을 굳게 지니고 |
| 然諾重應(연낙중응) | : 대답은 신중하고 의연하게 해야 한다. |
| 飮食愼節(음식신절) | : 음식은 삼가하며 절제할 줄 알아야 하고 |
| 言爲恭順(언위공순) | : 말을 할 때에는 공손하게 해야 한다. |
| 起居坐立(기거좌립) | : 일어나거나 앉거나 서 있을 때는 |
| 行動擧止(행동거지) | : 그 행동함에 있어 분명해야 한다. |
| 禮儀廉恥(예의렴치) | : 예와 의와 청렴함과 부끄러움은 |
| 是謂四維(시위사유) | : 나라를 지키는데 필요한 네 가지 근본(사유)이다. |
| 德業相勸(덕업상권) | : 덕있는 일은 서로 권하며 |
| 過失相規(과실상규) | : 잘못된 것은 서로 규제해야 한다. |
| 禮俗相交(예속상교) | : 예절과 풍습은 서로가 베풀고 지키며 |
| 患難相恤(환난상휼) | : 환란은 서로가 구제해야 한다. |
| 父義母慈(부의모자) | : 아버지는 의롭고 어머니는 자애로우시니 |
| 兄友弟恭(형우제공) | : 형은 동생을 친구처럼 대하고 동생은 형을 공경해야 한다. |
| 夫婦有恩(부부유은) | : 부부는 서로간에 은혜로움이 있어야 하고 |
| 男女有別(남녀유별) | : 남자와 여자는 서로 구별이 있어야 한다. |
| 貧窮患難(빈궁환난) | : 가난함과 어려움에 처해 있을 때에는 |
| 親戚相救(친척상구) | : 친척들이 서로 도와주어야 하며 |
| 婚姻死喪(혼인사상) | : 결혼이나 초상을 치를 때에는 |
| 隣保相助(인보상조) | : 이웃간에 서로 도와주어야 한다. |
| 在家從父(재가종부) | : 여자는 가정에서는 아버지를 따르고 |
| 適人從夫(적인종부) | : 출가해서는 남편을 따라야 하며 |
| 夫死從子(부사종자) | : 남편이 죽으면 아들을 따라야 한다. |

是謂三從(시위삼종) : 이것을 곧 삼종지도라 한다
元亨利貞(원형이정) : 봄으로 만물의 생성시초가 되며, 여름으로 만물이 자라고,
　　　　　　　　　　가을로 만물이 여물고, 겨울로 만물이 거두는 것은
天道之常(천도지상) : 하늘이 베푼 사물이 곧 근본이 되는 도이다.
仁義禮智(인의예지) : 이 같이 사람이 어질고 의로우며 예의롭고 지혜로움은
人性之綱(인성지강) : 사람의 성품을 만드는 근본이 된다.
非禮勿視(비례물시) : 예절이 아닌 것은 보지 말며
非禮勿聽(비례물청) : 예절이 아닌 것은 듣지도 말라.
非禮勿言(비례물언) : 예절이 아니면 말하지도 말며
非禮勿動(비례물동) : 예절이 아니면 행동하지도 말라.
孔孟之道(공맹지도) : 공자와 맹자의 가르침과
程朱之學(정주지학) : 정호·정이와 주희의 성리학은
正其誼而(정기의이) : 그 뜻을 옳고 바르게 하는 것이요
不謀其利(불모기리) : 이익을 꾀하고자 하는 것이 아니다.
明其道而(명기도이) : 그 길을 밝게 하는 것이요
不計其功(불계기공) : 그 공을 놓고 따지지 말아야 한다.
終身讓路(종신양로) : 죽는 날까지 길을 양보하더라도
不枉百步(불왕백보) : 떳떳이 내딛는 백보의 발길은 멈춤이 없어야 하며
終身讓畔(종신양반) : 한평생 밭둑을 양보하는 일이 있더라도
不失一段(불실일단) : 조금도 그 덕의를 잃지 않을 것이다.
天開於子(천개어자) : 하늘은 자시(밤0시~2시)에 열리고
地闢於丑(지벽어축) : 땅은 축시(3시~5시)에 열리며
人生於寅(인생어인) : 사람은 인시(8시~10시)에 깨어나니
是謂太古(시위태고) : 이를 가리켜 태고부터의 자연의 섭리라 한다.
君爲臣綱(군위신강) : 임금은 신하의 근본이 되며
父爲子綱(부위자강) : 아버지는 아들의 근본이 되며
夫爲婦綱(부위부강) : 남편은 아내의 근본이 되니
是謂三綱(시위삼강) : 이를 가리켜 삼강이라 한다.
父子有親(부자유친) : 아버지와 아들간에는 친밀함이 있어야 하고
君臣有義(군신유의) : 임금과 신하 사이에는 의로움이 있어야 하며
夫婦有別(부부유별) : 남편과 아내 사이에는 분별이 있어야 하고
長幼有序(장유유서) : 어른과 어린이 사이에는 차례가 있어야 하며
朋友有信(붕우유신) : 벗과 벗 사이에는 믿음이 있어야 한다.
是謂五倫(시위오륜) : 이를 가리켜 오륜이라 한다.
視思必明(시사필명) : 볼 때에는 깊이 생각하여 반드시 밝게 볼 것이며
聽思必聰(청사필총) : 들을 때도 깊이 생각하여 반드시 잘 들어야 한다.
色思必溫(색사필온) : 표정도 깊이 생각하여 반드시 부드럽게 할 것이며
貌思必恭(모사필공) : 차림새도 깊이 생각하여 반드시 공손해야 한다.
言思必忠(언사필충) : 말할 때도 깊이 생각하여 반드시 정성되게 하며
事思必敬(사사필경) : 일할 때도 깊이 생각하여 반드시 공경되게 하라.
疑思必問(의사필문) : 의문이 생기면 깊이 생각하여 반드시 물을 것이며
憤思必難(분사필난) : 화가 났을 때도 반드시 어려워질 것을 생각하고

| 한자(한글) | 뜻 |
|---|---|
| 見得思義(견득사의) | 이익을 얻으면 옳은 일을 사려깊게 생각하여야 한다. |
| 是謂九思(시위구사) | 이를 가리켜 구사라 한다. |
| 足容必重(족용필중) | 발의 움직임은 반드시 무겁게 할 것이며 |
| 手容必恭(수용필공) | 손의 움직임은 반드시 공손해야 한다. |
| 頭容必直(두용필직) | 머리는 반드시 곧게 세워야 하고 |
| 目容必端(목용필단) | 눈은 반드시 단정해야 한다. |
| 口容必止(구용필지) | 입은 반드시 할 말 이외에는 삼가해야 하며 |
| 聲容必靜(성용필정) | 목소리는 반드시 어질고 정숙하게 내야 한다. |
| 氣容必肅(기용필숙) | 움직이는 자세는 반드시 엄숙해야 하며 |
| 立容必德(입용필덕) | 서 있는 모습은 반드시 덕이 있어야 하고 |
| 色容必莊(색용필장) | 표정은 반드시 떳떳함의 활기가 있어야 한다. |
| 是謂九容(시위구용) | 이를 가리켜 구용이라 한다. |
| 修身齊家(수신제가) | 심신을 수양하고 집안을 다스림은 |
| 治國之本(치국지본) | 나라를 다스리는 근본이 된다. |
| 士農工商(사농공상) | 선비와 농부와 장인과 상인은 |
| 國家利用(국가이용) | 나라에 이롭게 쓰여진다. |
| 鰥孤獨寡(환고독과) | 홀아비와 고아와 혼자된 노인과 과부 |
| 謂之四窮(위지사궁) | 이를 가리켜 사궁이라 하며 |
| 發政施仁(발정시인) | 어진 정치를 베풀기 위해서는 |
| 先施四者(선시사자) | 우선하여 사궁에게 선정으로 베풀어야 한다. |
| 十室之邑(십실지읍) | 열 집이 모여사는 마을에도 |
| 必有忠信(필유충신) | 반드시 충신은 있을 수 있다. |
| 元是孝者(원시효자) | 효자의 근본은 |
| 爲仁之本(위인지본) | 인을 위한 행위가 그 근본이다. |
| 言則信實(언칙신실) | 말은 믿을 수 있으며 진실되어야 하고 |
| 行必正直(행필정직) | 행동은 반드시 정직해야 한다. |
| 一粒之穀(일립지곡) | 한 알의 곡식이라도 |
| 必身以食(필신이식) | 음식을 먹을 때는 반드시 나누어 먹어야 한다. |
| 一縷之衣(일루지의) | 한오라기의 옷이라도 |
| 必分以衣(필분이의) | 반드시 나누어 입어야 한다. |
| 積善之家(적선지가) | 착한 일을 많이 한 가정에는 |
| 必有餘慶(필유여경) | 반드시 좋은 일이 언제나 뒤따른다. |
| 積惡之家(적악지가) | 나쁜 일을 많이 한 가정에는 |
| 必有餘殃(필유여앙) | 언제나 재앙이 반드시 뒤따른다. |
| 非我言老(비아언노) | 나의 이 말들이 한 늙은이의 헛된 말이 아니요 |
| 惟聖之謨(유성지모) | 이것들은 오직 성인의 말씀에서 비롯된 것이다. |
| 嗟嗟小子(차차소자) | 아! 내 마음의 탄식함이여! |
| 敬受此書(경수차서) | 이 글들을 공경하는 마음으로 받들어라. |
| 一笑一少(일소일소) | 한번 웃으면 한번 젊어지고 |
| 一怒一老(일노일로) | 한번 성내면 한번 늙어지는 것이다. |